John A. Sanford
Unsere unsichtbaren Partner

John A. Sanford

# Unsere unsichtbaren Partner

Von den verborgenen Quellen
des Verliebtseins und der Liebe

Wege zu einer glücklichen und dauerhaften
Partnerschaft

EAGLE

Neuausgabe 2019 Eagle Books Wasserburg am Inn

Titel der amerikanischen Originalausgabe: THE INVISIBLE PARTNERS
How the Male and Female in Each of Us Affects our Relationships
Erschienen bei Paulist Press, New York / Ramsey


Aus dem Amerikanischen übertragen von Waltraud Ferrari

Titelgestaltung Franz Mittermair, Titelbild Michal Bednarek (123rf)

ISBN-13: 978-3-946136-17-0



Bibliografische Information der Deutschen Nationalbibliothek:
Die Deutsche Bibliothek verzeichnet diese Publikation in der Deutschen Nationalbibliografie; detaillierte bibliografische Daten sind im Internet über http://dnb.d-nb.de abrufbar.

Eagle Books Verlag
Dipl.Päd. Franz Mittermair
Am Förchet 2
D-83547 Wasserburg am Inn / Penzing
info@eagle-books.com
www.eagle-books.com

# Inhalt


Einleitung ........ 7

Kapitel 1 ........ 9

Kapitel 2 ........ 49

Kapitel 3 ........ 85

Kapitel 4 ........ 119

Anhang: Aktive Imagination ........ 173

Glossar der Jungschen Begriffe ........ 186

Bibliographie ........ 191

Index ........ 197

Ich danke meinem guten Freund Reverend Morton T. Kelsey und meiner Freundin und Kollegin Gilda Frantz für die Durchsicht des Manuskripts sowie für ihre wertvollen Kommentare; meiner Frau Linny für all die hilfreichen Vorschläge und Helen Macey für ihre unschätzbare Hilfe bei der Vorbereitung dieses Manuskripts.

# Einleitung

Das Thema Mann und Frau, die Natur des Männlichen und Weiblichen, hat immer schon unser Interesse erweckt, heute aber ganz besonders, da Männer und Frauen wie nie zuvor bemüht sind, sich selbst zu verstehen, und da die Rollen der Geschlechter und ihre Beziehung zueinander neu untersucht werden. Es handelt sich auch um ein Thema, das uns für die Praxis nützliche Informationen verspricht, die wir direkt an uns selbst und in unseren persönlichen Beziehungen anwenden können.

Eine der wichtigsten Leistungen des Schweizer Psychiaters C. G. Jung liegt auf diesem Gebiet. Mit seinem Konzept von Anima und Animus fügt Jung unserem Selbstverständnis als Mann oder Frau ein einzigartiges Element hinzu, und man darf behaupten, dass unter den Psychologen dieses Jahrhunderts nur Jung die Psychologie von Mann und Frau voneinander unterschieden und uns deren Wechselbeziehung aufgezeigt hat.

Da heute reges Interesse an der Psychologie der Geschlechter besteht und es bislang kein handliches Werk gibt, das Jungs wichtigste Ideen auf diesem Gebiet zusammenfasst, habe ich dieses Buch geschrieben. Es ist für jene gedacht, denen Jungs Gedanken über das Männliche und Weibliche neu sind, wie für alle jene, die mit der Jungschen Psychologie bereits vertraut sind und sich auch für die wichtigen Auseinandersetzungen interessieren, die zu diesem Thema geführt wurden und noch ohne klare Ergebnisse geblieben sind.

Ich habe mich bemüht, die vielen Fäden Jungschen Gedankengutes zu dieser Problematik zusammenzufassen, verweise aber den interessierten Leser, der tiefer in die Materie eindringen möchte, auf die ausgewählte

Bibliographie im Anhang. Dieses Buch ist als eine Einführung gedacht und zugleich als ein Überblick über ein reichhaltiges und vielschichtiges Thema, es ist aber kein abschließendes Werk auf einem Wissensgebiet, das noch viel mehr der Auseinandersetzung und weiteren Forschung bedarf. Indem wir uns mit dem Männlichen und Weiblichen befassen, setzen wir uns in letzter Konsequenz mit der menschlichen Seele auseinander, und da gibt es noch vieles, das es zu entdecken gilt.

# Kapitel 1

Männer sind es gewöhnt, sich selbst nur als Männer zu begreifen, und Frauen betrachten sich selbst nur als Frauen, doch die psychologischen Fakten beweisen, dass jedes menschliche Wesen androgyn ist. [1] «Im Inneren jedes Mannes ist das Abbild einer Frau, und im Inneren jeder Frau ist das Abbild eines Mannes», schreibt der Indianer Hyemeyohsts Storm, der damit nicht seine persönliche Meinung äußert, sondern eine alte Anschauung der nordamerikanischen Indianer wiedergibt. [2] Und die alten

---

[1] *Androgyn* setzt sich aus den zwei griechischen Wörtern *Andros* und *Gynos* zusammen, die Mann bzw. Frau bedeuten, und bezeichnet einen Menschen, der in seiner bzw. ihrer Persönlichkeit männliche und weibliche Elemente vereint. *Hermaphrodit* ist ein analoges Wort; es leitet sich vom griechischen Gott Hermaphroditus ab, der aus der Vereinigung von Aphrodite und Hermes hervorging und über die geschlechtlichen Merkmale beider verfügte.

[2] Hyemeyohsts Storm, *Sieben Pfeile* (Wilhelm Fink Verlag, 1980), Seite 24.

Alchemisten meinten übereinstimmend: «Unser adamischer Hermaphrodit, wenn er auch in männlicher Gestalt erscheint, trägt jedoch Eva, oder sein weibliches Element, stets mit sich, verborgen in seinem Körper.»[3] Mythologien und frühe Traditionen, die oft psychologische Wahrheiten ausdrücken, welche sonst unserer Aufmerksamkeit entgehen würden, bekunden häufig den Glauben an die geschlechtliche Dualität der menschlichen Natur. So lesen wir z. B. im Buch Genesis, dass Gott ein androgynes Wesen war und dass die ersten Menschen nach seinem[4] Bilde geschaffen und daher ebenfalls männlich und weiblich waren: «Am Tage, da Gott Adam schuf», so beginnt das fünfte Kapitel der Genesis, «machte er ihn Gott ähnlich. Als Mann und Frau schuf er sie, segnete sie und gab ihnen am Tage, da er sie schuf, den Namen Mensch.» Im zweiten Kapitel der Genesis erfahren wir auch, dass Gott, als er die Frau erschaffen wollte, Adam in einen tiefen Schlaf versetzte, eine Rippe aus seinem Körper nahm und Eva aus Adams Rippe schuf. Der erste Mensch, Adam, war also offensichtlich sowohl männlich als auch weiblich. Dieser Teilung des ursprünglich ganzen, zweigeschlechtlichen menschlichen Wesens entspringt durch die Geschlechtlichkeit das Verlangen nach Wiedervereinigung der getrennten Hälften. Das zweite Kapitel setzt fort: «Darum wird ein Mann seinen Vater und seine Mutter verlassen und seinem Weibe anhangen, und sie werden zu einem Fleisch. »[5]

Der Gedanke, dass der ursprüngliche Mensch männlich

---

[3] Aus der alchemistischen Schrift *Hermetis Trismegisti Tractatus vere Aureus,* 1610, zitiert in C. G. Jung, *Briefe* (3 Bde.) (Walter Verlag Olten).

[4] Ich werde nach Möglichkeit versuchen, die männliche Form für «Gott» oder «Mensch» zu vermeiden, doch der übliche Sprachgebrauch und die Unzulänglichkeiten unserer Sprache lassen dies nicht immer zu.

[5] Genesis 2,24.

und weiblich war, findet sich in zahlreichen Traditionen. So berichten z. B. persische als auch talmudische Mythen, wie Gott zuerst ein zweigeschlechtliches Wesen schuf - also Mann und Frau in einem Wesen vereint - und dieses eine Wesen später in zwei teilte. Diesem ersten, ursprünglichen Menschen wurden außergewöhnliche Eigenschaften zugesprochen, die sich auch im weitverbreiteten Bild des Anthropos oder Ur-Menschen finden, der in den Werken C.G.Jungs und seiner Kollegen häufig genannt wird.[6] In Platos *Symposion* wird diese Vorstellung vielleicht am treffendsten ausgedrückt: Hier erzählt Aristophanes einen alten griechischen Mythos über die ursprünglichen Menschenwesen, die vollkommen rund waren, vier Arme und vier Beine hatten sowie einen Kopf mit zwei Gesichtern, die in entgegengesetzte Richtungen blickten. Diese menschlichen Kugeln besaßen solch wunderbare Eigenschaften und so große Intelligenz, dass sie den Göttern gleichkamen, weshalb diese aus Angst und Neid die Kugeln in zwei Teile schnitten, um deren Macht einzuschränken. Die ursprünglichen, kugelförmigen Wesen zerfielen in zwei Hälften, eine weibliche und eine männliche. Und seit damals, so erzählt die Geschichte, streben die zwei getrennten Hälften des Ur-Menschenwesens unentwegt nach Wiedervereinigung. «Und wenn einer von ihnen seine andere Hälfte trifft», berichtet uns Aristophanes, «die wahre Hälfte seiner selbst... verlieren sich die beiden in einem Entzücken aus Liebe und Freundschaft und Vertrautheit, und keiner will den anderen missen ... auch nicht für einen Augenblick: Das sind jene Menschen, die ihr ganzes Leben miteinander

---

[6] Eine Zusammenfassung über den Begriff des Anthropos gibt Marie Louise von Franz in ihrem Werk *Individuation in Fairy Tales* (Zürich, Spring Publications, 1977) S. 90 ff.

verbringen und doch könnten sie nicht erklären, was sie voneinander begehren. »[7]

Storms Erkenntnis, dass sich in jedem Mann das Abbild einer Frau findet und umgekehrt, spiegelt sich auch im Schamanismus wider. Der Schamane, der urtümliche Heiler oder «Medizinmann», hat oft einen Schutzgeist, der ihn bei seiner Heiltätigkeit unterstützt und ihn in den Heilkünsten unterweist. Beim männlichen Schamanen ist der Schutzgeist weiblich und verhält sich zu ihm wie eine geistige Gemahlin, während der Schutzgeist der Schamanin männlich ist und ihr geistiger Gemahl, der sie zusätzlich zu ihrem Ehemann aus Fleisch und Blut begleitet. Der Schamane ist einzigartig, teils deshalb, weil er resp. sie eine eigene Beziehung zur anderen Hälfte seiner resp. ihrer Persönlichkeit pflegt, welche so zu einer lebendigen Wesenheit, einer realen Präsenz geworden ist. Eine Geist-Frau sagt zu ihrem Schamanen-Gemahl: «Ich liebe dich, ich habe jetzt keinen Mann, du wirst mein Mann sein, und ich werde deine Frau sein. Ich werde dir Hilfsgeister geben. Du sollst mit ihrer Hilfe heilen, und ich selbst werde dir helfen und dich lehren.» Der Schamane ergänzt: «Seit damals ist sie immer zu mir gekommen, und ich schlafe mit ihr wie mit meiner eigenen Frau. »[8]

Poeten und Philosophen, die viele Dinge oft früher sehen als die Wissenschaftler, haben ebenfalls intuitiv erfasst, dass das menschliche Wesen androgyn ist. So schreibt der russische Philosoph Nicholas Berdyaev: «Der Mensch ist nicht nur ein geschlechtliches, sondern ein zweigeschlechtliches Wesen, welches das männliche und

---

[7] *The Philosophy of Plato,* The Jowett Translation, Ed. Irwin Edman, *Symposium* (New York: The Modern Library, 1928), S. 356.

[8] Mircea Eliade, *Shamanism* (Princeton, N. J.: Princeton University Press, 1964), S. 72.

das weibliche Prinzip zu unterschiedlichen Anteilen und oft auch in einem heftigen Konflikt in sich vereint. Ein Mann, dem das weibliche Prinzip völlig fehlt, ist ein abstraktes Wesen, gänzlich abgetrennt vom kosmischen Element. Eine Frau, der das männliche Prinzip fehlt, ist keine Persönlichkeit... Nur aus der Vereinigung dieser beiden Prinzipien ergibt sich ein vollständiges menschliches Wesen. Ihre Verschmelzung ist in jedem Mann und jeder Frau innerhalb ihrer eigenen zweigeschlechtlichen, androgynen Natur verwirklicht, und sie erfolgt auch durch die wechselseitige Verbindung von männlicher und weiblicher Natur. »[9]

Die Auffassung, dass der Mensch ein androgynes Wesen sei, ist also ein alter Gedanke und wird in der Mythologie wie auch bei großen, intuitiv veranlagten Geistern vergangener Zeiten oft zum Ausdruck gebracht. In unserem Jahrhundert war C.G. Jung der erste Wissenschaftler, der dieses psychologische Faktum der menschlichen Natur beobachtete und es bei seiner Beschreibung des ganzheitlichen Menschenwesens mit einbezog.

Jung benannte die Gegensätze in Mann und Frau mit *Anima* und *Animus.* Mit Anima bezeichnete er die weibliche Komponente in der Persönlichkeit des Mannes, während Animus den männlichen Anteil in der Persönlichkeit der Frau darstellt. Er leitete diese Begriffe vom lateinischen Wort *animare* ab, welches beleben bedeutet, da er Anima und Animus als belebende Seelen oder Geister für Mann und Frau empfand.

Jung griff seine Idee von Anima und Animus nicht einfach aus der Luft, noch beließ er sie auf der Ebene kreativer Intuition, wie das beim russischen Philosophen

---

[9] Nicholas Berdyaev, *The Destiny of Man* (New York: Harper Torch- books, 1960), S. 61-62.

Berdyaev der Fall war. Jung war Wissenschaftler, und sein Forschungsbereich war die menschliche Psyche, daher gründen seine Ideen auf psychologischen Fakten. Empirische Beweise für die Wirklichkeit von Anima und Animus können überall dort gefunden werden, wo sich die Psyche spontan ausdrückt. Anima und Animus zeigen sich in Träumen, in Märchen, Mythen, in der Weltliteratur und - was am bedeutsamsten ist - in den verschiedenartigen Phänomenen menschlichen Verhaltens. Sie sind die unsichtbaren Partner in jeder menschlichen Beziehung und in der Suche jedes einzelnen nach seiner individuellen Ganzheit. Jung nannte sie *Archetypen,* denn Anima und Animus sind Grundbausteine in der psychischen Struktur jedes Mannes und jeder Frau. Wenn etwas archetypisch ist, ist es auch typisch. Archetypen bilden die Basis für instinktive, nicht erlernte Verhaltensmuster, die allen Menschen gemeinsam sind und sich im menschlichen Bewusstsein auf ganz bestimmte, typische Weise zeigen. Für Jung erklären Anima/Animus eine Vielzahl psychischer Fakten, und sie bilden eine Hypothese, die immer wieder durch empirische Beweise bestätigt wird.

In jeder Diskussion dieser Art stoßen wir natürlich auf die Frage: Was bedeutet «männlich» oder «weiblich»? Gibt es einen Unterschied zwischen dem Männlichen und dem Weiblichen? Beruhen die augenscheinlichen Unterschiede zwischen Mann und Frau auf archetypischen, grundlegenden psychologischen Ungleichheiten; oder sind sie ausschließlich das Ergebnis von gesellschaftlich zugeteilten Rollen und Konditionierungen? Die letztere Behauptung stützt sich vor allem darauf, dass die Rollen, die Mann und Frau übernehmen, durch die jeweilige Kultur, in der sie leben, bestimmt zu sein scheinen. Oder: Männer und Frauen erfüllen auftragsgemäß das, was ihnen die Gesellschaft als spezielle Funktion oder Aufgabe zuweist. So gesehen, gibt es keinen grundlegenden psychologischen Unterschied zwischen Mann und Frau, sondern der kulturelle Einfluss allein erzeugt die scheinbaren Ungleichheiten zwischen ihnen. Für dieses Argument spricht auch die Tatsache, dass der Mann - mit Ausnahme von Schwangerschaft und Geburt selbstverständlich, die biologischer Natur sind -, den meisten Aufgaben, welche die Frau gewöhnlich erfüllt, ebenfalls nachkommen kann, so wie die Frau auch die Funktionen des Mannes erfüllen kann. Die Tatsache, dass die Frauen in der Regel nicht dasselbe tun wie die Männer (und umgekehrt), wurzelt in gesellschaftlichen Erwartungen. Dazu kommt als weitere Schwierigkeit, dass jeder Definition dessen, was männlich und was weiblich sei, sofort der Einwand folgt: «Aber Frauen (resp. Männer) handeln manchmal auch so!»

Der Umstand, dass Männer und Frauen vielfach dieselben Funktionen im Leben erfüllen können, lässt darauf schließen, dass jeder Mensch eine Kombination männlicher und weiblicher Polaritäten ist. Aufgrund ihrer weiblichen Seite können Männer unter bestimmten Bedingungen in einer Weise handeln, die traditionell als weiblich angesehen wird, und umgekehrt. Auf diese Thematik werde ich später noch genauer eingehen.

Andererseits ergibt sich in dieser Auseinandersetzung eine Frage, die durch empirische Beweise entschieden werden muss, und zwar folgende: Gibt es nun einen Archetypus für das Männliche und das Weibliche, das heißt, gibt es grundlegende psychologische Unterschiede zwischen den Geschlechtern und zwischen den psychologischen Polaritäten innerhalb jedes Geschlechts? Jung vertritt die Ansicht, dass zweifellos kulturelle und gesellschaftliche Erwartungen sowie Rollenverteilung einen starken Einfluss darauf ausüben, wie Männer und Frauen ihr Leben leben, dass aber auch grundlegende, archetypische, psychologische Muster vorhanden sind. Die Beweisführung für seinen Standpunkt wird in diesem Buch schrittweise dargelegt, wobei es dem Leser überlassen bleibt, die Entscheidung im Sinne seiner eigenen Lebenserfahrung zu treffen.

Um Männliches und Weibliches voneinander zu unterscheiden, spricht man vermutlich am besten in Bildern, statt diese psychologischen Funktionen in sprachliche Begriffe zu fassen. Mit männlich und weiblich drückt man nur aus, dass die psychische Energie, wie alle andern Energieformen, zwischen zwei Polen fließt. So wie Elektrizität zwischen einem positiven und einem negativen Pol fließt, so fließt psychische Energie zwischen zwei Polen, die mit männlich und weiblich bezeichnet werden. Sie werden allerdings nicht immer so benannt, und ich werde in diesem Buch auch die alte chinesische Bezeichnung Yang und Yin wählen, die mir treffender scheinen, da sie mit Bildern und nicht im Sinne von Funktionen oder gar psychologischen Eigenschaften definiert werden. «Yang bedeutet <in der Sonne wehende Bannen, also etwas <Beschienenes>, Helles.» Yang wird bezeichnet durch den Himmel, das Firmament, das Helle, Kreative, die Südseite des Berges (wo die Sonne scheint) und das nördliche Ufer des Flusses (das auch Sonnenlicht empfängt). «Yin heißt in seiner Grundbedeutung <das Wolkige, Trübe>.» Yin wird bezeichnet durch die Erde, das Dunkle, Feuchte, Empfangende, die Nordseite des Berges und das südliche Ufer des Flusses.[10] Natürlich

[10] *I Ging, das Buch der Wandlungen,* herausgegeben von Richard Wilhelm (Eugen Diederichs Verlag, 1981), S. 16.

sprechen die Chinesen auch von Yang als dem Männlichen und von Yin als dem Weiblichen, doch grundsätzlich stellen Yang und Yin die zwei geistigen Pole dar, zwischen denen alles Leben entlang fließt. Yang und Yin sind in Mann und Frau, aber auch zugleich kosmische Prinzipien, die den Lauf der Dinge bestimmen, wie das chinesische Weisheitsbuch, das *I Ging*, deutlich zeigt.

In gleicher Weise spricht das chinesische Meditationsbuch, das *Tai I Gin Hua Dsung Dschi* (das Geheimnis der goldenen Blüte), von den zwei psychischen Polen in jedem Mann und jeder Frau. Der eine heißt Po-Seele und findet sich in den Nieren, der Sexualität und dem Trigram Kan (aus dem *I Ging*) und zeigt sich als Eros. Der andere Pol, die *Hun*-Seele, findet sich im Herzen, dem Bewusstsein und dem Feuer Trigram Li, er drückt sich als Logos aus. Diese zwei Pole entfernen sich voneinander, wenn ihre Energien nur nach außen gerichtet werden, lenkt man aber ihre Energien auf richtige Weise durch Meditation nach innen, vereinen sie sich, um eine höhere, unzerstörbare Persönlichkeit zu schaffen. Der Sinologe Richard Wilhelm nennt die zwei Seelen in seiner Übersetzung des chinesischen Textes auch Anima und Animus. Jung bemerkt, dass die Po-Seele aus den Zeichen für «weiß» und «Dämon» besteht, daher «weißes Gespenst» bedeutet, und somit ihr Prinzip der tieferen, erdgebundenen Natur, also dem Yin, zugehörig ist. Die Hun-Seele besteht aus den Zeichen für «Wolke» und «Dämon», bedeutet also «Wolkendämon, eine höhere Hauchseele», und ist somit Yang.[11] Wenn Mann und Frau immer schon über eine weibliche und eine männliche

---

[11] Siehe *Das Geheimnis der goldenen Blüte,* übersetzt und erläutert von Richard Wilhelm, mit einem europäischen Kommentar von C. G. Jung (Rascher Verlag Zürich und Stuttgart, 1963), S. 40.

Komponente verfügten, stellt sich nun die Frage, warum uns das so lange nicht bewusst war. Das lässt sich zum Teil damit beantworten, dass Selbsterkenntnis noch nie unsere Stärke war - im Gegenteil: Die meisten Menschen widersetzen sich schon der elementarsten Selbsterkenntnis mit größter Entschiedenheit. Gewöhnlich riskieren wir eine Konfrontation unserer wohlgehegten Vorstellungen von uns selbst mit der Wahrheit erst dann, wenn wir großen Schmerz oder Verwirrung durchleben und als einziger Ausweg nur die Selbsterkenntnis bleibt. Doch sogar dann noch ziehen es manche Menschen vor, ein sinnloses Leben zu leben, anstatt sich selbst - in einem oft unangenehmen Prozess - kennenzulernen. Außerdem sind einige Aspekte unserer selbst schwerer zu erkennen als andere, wie z. B. die Schattenpersönlichkeit. Sie setzt sich aus ungewollten und unentwickelten Charakterzügen zusammen, welche Teil unseres Bewusstseins hätten werden können, jedoch abgelehnt wurden, was von der Kirche schon lange erkannt worden ist. «Ich tue nämlich nicht das Gute, das ich will, vielmehr was ich nicht will, das Böse, das tue ich», ruft der heilige Paulus, als er über seinen Schatten klagt.[12] Es erscheint uns durchaus glaubhaft, dass unsere eigene Natur auch eine dunklere Seite hat, denn die Religion hat oft darauf hingewiesen. Und doch finden in unserem Inneren gewaltige Verschwörungen statt, indem wir zwar ein Lippenbekenntnis leisten, es aber vermeiden, unsere dunkle Seite genauer zu betrachten. So ist unsere Schattenpersönlichkeit für andere häufig deutlich sichtbar, uns selbst aber unbekannt. Noch viel größer ist unsere Unwissenheit hinsichtlich der männlichen und weiblichen Elemente in uns, die unserer Aufmerksamkeit entgehen, da sie so anders sind als unser Bewusstsein. Aus diesem

---

[12] Röm. 7,19.

Grund bezeichnete Jung die Integration des Schattens einmal als das «Gesellenstück» im Prozess der Ganzwerdung und die Integration von Anima und Animus als das «Meisterstück».[13]

Ein weiterer Faktor macht das Wissen um Anima oder Animus so schwer fassbar: Diese psychischen Faktoren in uns werden gewöhnlich projiziert. Die Projektion ist ein psychischer Mechanismus, der immer dann in Kraft tritt, wenn ein wesentlicher, uns unbewusster Aspekt unserer Persönlichkeit aktiviert wird. Sobald sich etwas projiziert, sehen wir es außerhalb von uns, als gehörte es zu jemand anderem und hätte nichts mit uns zu tun. Projektion ist ein unbewusster Mechanismus. Wir beabsichtigen nicht, etwas zu projizieren, das geschieht automatisch. Würden wir beschließen, etwas zu projizieren, wäre uns dies bewusst, und weil es uns bewusst wäre, könnten wir nicht mehr projizieren. Nur unbewusste Inhalte werden projiziert; sobald etwas bewusst geworden ist, endet die Projektion.

Durch die Jahrtausende der Menschheitsgeschichte hindurch wurden Anima und Animus auf mythologische Gestalten projiziert, auf die Götter und Göttinnen, die unsere geistige Welt bevölkerten, aber auch - was noch wesentlicher ist - auf lebendige Männer und Frauen. Die Götter und Göttinnen der griechischen Mythologie können als Personifikationen verschiedener Aspekte des männlichen und weiblichen Archetypus verstanden werden. Lange Zeit benutzte die menschliche Psyche die Mythologie als Mittel, um sich selbst zu personifizieren. Solange die Menschen an die lebendige Wirklichkeit der Götter glaubten, konnten sie durch entsprechende Rituale und Verehrung eine Art Beziehung zu ihrer psychischen

[13] *C. G. Jung,* Gesammelte Werke *(weiterhin zitiert als* GW), *9,1,* Die Archetypen und das kollektive Unbewusste, *S. 61.*

Welt erwirken.

Werden Anima und Animus auf andere Menschen projiziert, sehen wir sie mit ganz anderen Augen. Meist projizierte der Mann die Anima auf eine Frau und die Frau den Animus auf einen Mann. Die Frau war für den Mann das körperhafte Bild seiner eigenen weiblichen Seele, während der Mann für die Frau das lebendige Bild ihres eigenen Geistes darstellte, was zu meist ungewöhnlichen und unliebsamen Folgen führte, da diese lebendigen Realitäten in uns oft eine besonders starke oder irritierende Wirkung haben. Warum Anima und Animus meist nicht als Teile der menschlichen Persönlichkeit erkannt wurden, lässt sich für Jung teilweise so erklären: «Wenn im Mittelalter ein Mann eine Anima entdeckte, wurde sie festgenommen, und der Richter ließ sie als Hexe verbrennen. Oder vielleicht entdeckte eine Frau einen Animus, und der Mann war dazu verurteilt, zum Heiligen, Erlöser oder großen Medizinmann zu werden. Erst jetzt, durch den analytischen Prozess, verwandeln sich Anima und Animus, die wir früher immer nach außen projizierten, in seelische Funktionen.»[14]

Da Anima und Animus projiziert werden, erkennen wir gewöhnlich nicht, dass sie zu uns gehören, denn sie *scheinen* außerhalb von uns zu sein. Sobald aber die Projektion als solche erkannt wird, können wir diese projizierten Bilder zu einem bestimmten Grad wieder in uns aufnehmen, denn Projektionen lassen sich als Spiegel verwenden, in denen wir unsere eigenen psychischen Inhalte reflektiert sehen. Entdecken wir also, dass ein Anima- oder Animusbild auf einen Mann oder eine Frau projiziert wurde, können wir durch die Spiegelung Inhalte

---

[14] C. G. Jung, «The Interpretation of Visions», *Spring*, 1965, S. 110.

unserer Psyche entdecken, die uns sonst vielleicht entgehen würden. Gerade wenn es sich um Anima oder Animus handelt, ist die Fähigkeit, Projektionen zu erkennen und zu nutzen, für unsere Selbsterkenntnis besonders wichtig, da diese psychischen Faktoren uns nie so bewusst werden können, dass sie sich nicht projizieren. Das gegengeschlechtliche Element in uns ist psychologisch äußerst schwer fassbar, weshalb es uns nie ganz bewusst werden kann und daher immer - zumindest in Teilen - projiziert wird. Es ist ein Ding der Unmöglichkeit, darum so gut Bescheid zu wissen, dass keine Projektion mehr erfolgt, ein unerreichbares Ziel, denn Anima und Animus sind nicht Teile unserer Ego-Realität, sondern Träger einer ganz andersartigen Funktionsweise unserer Psyche. Was nun die Selbsterkenntnis anlangt, geht es darum, Projektionen als Spiegel zu nutzen; eine erfüllbare Aufgabe, wenn man Jungs psychologische Konzepte anwendet.

Es gibt keine einzige Stelle, an der Jung eine endgültige Erklärung zu Anima oder Animus gibt. Will man herausfinden, was Jung zu diesem Thema zu sagen hatte, muss man viele Passagen aus seinen verschiedenen Hauptwerken heranziehen. Jung gab sich auch nicht mit einer einzigen Definition zufrieden, sondern bot immer wieder von Zeit zu Zeit andere an, wobei er nicht etwa sich selbst widersprach, sondern mit jeder neuen Definition einen anderen Aspekt dieser Realitäten sichtbar machte.

Die einfachste und früheste Definition, die Jung angab, besagt, dass die Anima das weibliche Element im Mann und der Animus das männliche Element in der Frau verkörpert. Er schreibt: «Dieses Männliche in der Frau habe ich als Animus bezeichnet und das entsprechende

Weibliche im Mann als Anima.»[15] Jung wiederholte diese frühe Definition in *Der Mensch und seine Symbole,* wo er folgendes schreibt: «Die Anima verkörpert alle weiblichen Seeleneigenschaften im Manne, Stimmungen, Gefühle ... » [16] Er vermutet auch, dass Anima und Animus die Minderheit weiblicher oder männlicher Gene in uns vorstellen. Dieser Gedanke taucht wiederholt in Jungs Werken auf, z. B.: «Die Anima ist eine archetypische Form, welche den Umstand bestätigt, dass der Mann über eine Minderheit weiblicher Gene verfügt, und diese bleibt in ihm auch erhalten.» [17] Dasselbe könnte auch vom Animus, als Verkörperung einer Minderheit männlicher Gene in einer Frau, gesagt werden. Das heißt, auf biologischer Ebene verdankt der Mann seine physisch männlichen Merkmale einer leichten Überzahl männlicher Gene gegenüber einer Minderheit weiblicher Gene, und dasselbe gilt umgekehrt für die Frau. Auf psychologischer Ebene, so sagt Jung, verkörpert die Anima diese Minderheit weiblicher Gene, und bei der Frau verkörpert der Animus die Minderheit männlicher Gene.

Trifft das zu, so ist die Ursache für die Verschiedenheit von Mann und Frau nicht darin zu sehen, dass Männer gänzlich Yang und Frauen gänzlich Yin sind, denn jedes Geschlecht enthält das andere in sich, sondern vielmehr darin, dass der Mann sein Ego gewöhnlich mit Männlichkeit identifiziert und sich seiner weiblichen Seite nicht bewusst ist, während die Frau sich bewusst mit ihrer

---

[15] C. G. Jung, *GW* 7, *Zwei Schriften über analytische Psychologie* (Walter Verlag, Olten und Freiburg im Breisgau, 1971), S. 98.

[16] C. G. Jung, *Der Mensch und seine Symbole* (Walter Verlag, Olten und Freiburg i. Br., 1968), S. 177.

[17] C. G. *Jung Speaking,* Ed. Wm. McGuire and R. F. C. Hull (Princeton N. J.: Princeton University Press, 1977), S. 296; auch *GW* 11, Abs. 48, *GW* 8, Abs. 782, *GW* 9, I.

Weiblichkeit identifiziert und ihr ihre männliche Seite unbewusst ist.

Das Ego und der Körper tragen sozusagen dasselbe Zeichen. Der Körper des Mannes ist männlich, durch männliche Hormone geformt und für bestimmte Funktionen ausgestattet; der Körper der Frau ist weiblich und für die Erfüllung spezifisch weiblicher Aufgaben eingerichtet, wobei die Gebärfähigkeit wohl die offensichtlichste ist. Das Ego identifiziert sich mit der männlichen oder weiblichen Beschaffenheit des Körpers, und so wird die andere Seite, Anima oder Animus, zu einer Funktion des Unbewussten. So verläuft zumindest die übliche psychologische Entwicklung bei Männern und Frauen, obschon sie in manchen Fällen nicht hinreichend verwirklicht wird, so z. B., wenn es einem Mann nicht gelingt, ein ausreichend männliches Ego zu entwickeln. In diesem Fall kann - wie wir noch sehen werden - ein homogenisiertes Ego die Folge sein, eine verweiblichte Männlichkeit, was zu einer Form der Homosexualität führen kann.

All das hat bedeutsame Folgen für die Beziehung zwischen den Geschlechtern. Es ist also für Männer, die sich ja mit ihrer Männlichkeit identifizieren, charakteristisch, ihre weibliche Seite auf Frauen zu projizieren, so wie Frauen, die sich mit ihrer weiblichen Natur gleichsetzen, ihre männliche Seite natürlich auf Männer projizieren. Diese projizierten, psychischen Bilder sind die unsichtbaren Partner in jeder Mann-Frau-Beziehung. Sie beeinflussen die Beziehung tiefgehend, denn bei jeder Projektion wird die Person, die das projizierte Bild trägt, immer entweder extrem über- oder unterschätzt. In beiden Fällen verschleiert sich durch das projizierte Bild die menschliche Realität desjenigen, der die

Projektion für uns trägt. Das trifft besonders bei Anima und Animus zu, da diese Archetypen sehr numinos sind, das heißt, sie sind mit psychischer Energie geladen und erfassen uns leicht auf der Gefühlsebene. Folglich haben die projizierten Bilder eine magnetische Wirkung auf uns, und der Mensch, der eine Projektion trägt, wird uns vermutlich sehr anziehen oder sehr abstoßen, so wie ein Magnet ein anderes Metall anzieht oder abstößt. Das führt zu den verschiedensten Komplikationen in Beziehungen, wovon einige im letzten Kapitel behandelt werden.

Wie alle Archetypen haben Anima und Animus positive wie negative Aspekte. Das heißt, manchmal erscheinen sie höchst begehrenswert und sehr anziehend, manchmal zerstörerisch und aufwühlend. Darin gleichen sie auch den Göttern und Göttinnen, welche die Menschen manchmal mit Gaben überschütten, ein andermal aber ihre zerstörerische Seite zeigen. Projiziert der Mann den positiven Aspekt des Animabildes auf die Frau, erscheint sie für ihn äußerst begehrenswert. Sie fasziniert ihn, zieht ihn an und erscheint ihm als Quelle für Glück und Wonne. Die Frau, die diese Projektion für den Mann trägt, wird leicht zum Objekt seiner erotischen Phantasien und sexuellen Sehnsüchte, und der Mann glaubt seine Erfüllung zu finden, könnte er nur bei ihr sein und sie auch physisch lieben. Diesen Zustand nennen wir «sich verlieben» oder «Verliebtheit».

Natürlich ist die Frau, die eine so starke Animaprojektion trägt, anfangs angenehm berührt. Sie fühlt sich geschmeichelt und geschätzt, und wenn es ihr auch kaum bewusst ist, genießt sie doch ein beträchtliches Machtgefühl. Die Person, die ein projiziertes psychisches Bild eines anderen Menschen trägt, hat tatsächlich Macht über ihn, denn solange wir einen Teil unserer Psyche in jemand anderem wahrnehmen, hat dieser Mensch Macht über uns.

Nach einiger Zeit empfindet die Frau diese Situation aber meist als unbehaglich, denn sie erlebt, wie unangenehm es sein kann, eines anderen Menschen Seele zu tragen. Sie fühlt schließlich, dass der Mann sie zu ersticken droht. Möglicherweise spürt sie seine Missbilligung, wenn sie nicht sofort und immer für ihn erreichbar ist, was der Beziehung etwas Beklemmendes verleiht. Sie erkennt auch, dass ihr der Mann jeglichen Versuch verübelt, ihre individuelle Persönlichkeit in einer Weise zu entwickeln, die über das von ihm auferlegte Animabild hinausgeht, denn er sieht sie nicht so, wie sie wirklich ist, sondern so, wie er sie *möchte.* Er erwartet von ihr, sein projiziertes weibliches Bild zu erfüllen und auszuleben, und das tritt unweigerlich mit ihrer menschlichen Realität als Person in Widerspruch. Also findet sie sich in einem Käfig wieder, eingeengt durch sein Bestreben, sie möge seine Projektion für ihn erfüllen, und sie bemerkt, wie die Schattenseite seiner scheinbaren Liebe sich als Einschränkung und Possessivität äußert, was ihrer natürlichen Tendenz, eine Eigenpersönlichkeit zu entwickeln, entgegenwirkt. Besteht sie darauf, sie selbst zu sein, hat sie plötzlich einen eifersüchtigen, grollenden und schmollenden Mann vor sich. Möglicherweise fürchtet sie nun auch seine sexuelle Annäherung, welche, wie sie allmählich vermutet, nicht Teil ihrer Beziehung ist, sondern einen zwanghaften, bezugslosen Charakter aufweist. Und in der Tat geraten sich die beiden im sexuellen Bereich sehr leicht in die Haare. Der Mann fühlt den zwanghaften Drang nach sexueller Beziehung mit der Frau, die das weibliche Bild für ihn trägt, und ihm erscheint die Beziehung nur nach dem Koitus vollständig, wenn er ein vorübergehendes Gefühl der Einheit mit ihr verspürt. Die Frau jedoch möchte zuerst die menschliche Beziehung erarbeiten, bevor sie sich dem Mann sexuell hingibt, und viele böse Geister kommen bei dieser Uneinigkeit ins Spiel.

Außerdem kann die positive Projektion ganz plötzlich und ohne Vorwarnung in ihr Gegenteil verwandelt werden. Die Frau, die einst die Projektion der positiven Anima, des Seelenbildes, trug, wird plötzlich mit der negativen Animaprojektion, dem Bild der Hexe, behaftet. Der Mann braucht ihr nur die Schuld für seine eigenen schlechten Launen zu geben, und schon sieht er sie in diesem Licht. Und Männer sind leider berüchtigt dafür, dass sie die Verantwortung für ihre schlechte Laune Frauen zuschieben. Launen sind die unangenehmen Auswirkungen der weiblichen Seite des Mannes. Da die meisten Männer über ihre eigene Psychologie unaufgeklärt sind, projizieren sie die Schuld für diese schlechten Launen auf ihre Frau. Das ist auch der Grund, warum der Mann die Frau, in die er einst verliebt war und die für ihn eine Göttin darstellte, ebenso als Hexe sehen kann. Sie wird dann in dem Maß geringgeschätzt, in dem sie vorher überbewertet wurde.

Natürlich erfolgen von Seiten der Frauen die gleichen Projektionen auf Männer. Wenn die Frau ihr positives Animusbild auf den Mann projiziert, das Bild des Retters, Helden und geistigen Führers, überschätzt sie ihn. Er fasziniert sie, zieht sie an und stellt für sie den idealen Liebhaber sowie den Mann schlechthin dar. Nur durch ihn empfindet sie Erfüllung, als hätte sie durch ihn ihre Seele gefunden. Derartige Projektionen erfolgen besonders leicht bei Männern, die über die Kraft des Wortes verfügen. Der Mann, der Worte gut zu gebrauchen versteht, in dessen Ideen Kraft spürbar ist und der sie auch zu vermitteln weiß, ist die ideale Gestalt, um die Animusprojektionen einer Frau zu tragen. Wenn das geschieht, ist er für sie wichtiger als das Leben selbst, und sie ist ganz zufrieden damit, die liebende Motte zu spielen, die sein Licht umschwirrt. Ihr aber fehlt ihre innere, kreative Flamme, da sie diese auf den Mann übertragen hat.

Der Mann, der diese Projektion empfängt, mag sie oft gar nicht wert sein. Adolf Hitler scheint die Animusprojektion von den Frauen seiner Zeit erhalten zu haben. Wenn er sprach, hatte er etwas Archetypisches an sich, eine faszinierende Macht lag in seinen Worten. Ich fragte einmal eine jüdische Freundin, die noch rechtzeitig aus dem Nazi-Deutschland entkommen war, warum die deutschen Frauen ihre Söhne so bereitwillig zu Hitler sandten, um in seiner Kriegsmaschinerie umzukommen, und warum sie sich nicht wehrten. Sie antwortete, die Frauen seien von seinen Worten so fasziniert gewesen, dass sie alles getan hätten, wonach er verlangte.

Trägt der Mann die positive Animusprojektion für eine Frau, fühlt er sich wahrscheinlich geschmeichelt. Eine derartige Erfahrung kann zur Inflation führen. Wir sind nur zu gerne bereit, uns mit den übermächtigen Bildern zu identifizieren, die man auf uns projiziert, und auf diese Weise entgehen wir der viel bescheideneren Aufgabe, die wahren Grenzen unserer Persönlichkeit zu erkennen. Aber auch der Mann erkennt als Träger solcher Projektionen bald die unangenehme Seite. Er fühlt allmählich die klebrige, einengende und unwirkliche Qualität, die der Beziehung anhaftet. Wie Irene de Castillejo es ausdrückte, wenn die Frau im Mann den Wahrer ihrer Seele sieht, «wird er nur ungeduldig erklären, dass sie in die Beziehung mehr hineininterpretiert, als vorhanden ist». [18] Jung berichtet ebenfalls, wie der Mann sich als Träger der Animusprojektion fühlt: «Wenn jemand seinen Animus auf mich projiziert, fühle ich mich wie eine Gruft, in der eine Leiche liegt, ein absonderliches, totes Gewicht; dann bin ich wie eines jener Gräber, von denen Jesus spricht, mit allen Arten von Ungeziefer darin. Und außerdem selbst eindeutig eine Leiche, man fühlt seine eigene Lebendigkeit nicht. Eine echte Animusprojektion ist mörderisch, denn man wird zu dem Ort, an dem der Animus begraben liegt; und er ist genauso begraben wie die Eier einer Wespe im Körper einer Raupe, und wenn die Jungen ausschlüpfen, beginnen sie, dich von innen her aufzufressen, was äußerst unangenehm ist.» [19] Jung betrachtet den Animus als begraben, sobald er projiziert wird, denn hinsichtlich seiner bewussten Entwicklung als psychologische Funktion ist er tot.

Negative Projektionen finden sich aber gleich um die Ecke. Derselbe Mann, der einst so faszinierend und großartig schien, kann genauso schnell als empörend und enttäuschend empfunden werden. Die positive Projektion verschwindet, sobald Vertrautheit die Beziehung einer gesunden Dosis Realität aussetzt, und dann ist die negative Projektion sofort da, um ihren Platz einzunehmen. Der Mann, der zuerst überschätzt wurde, wird nun geringgeschätzt. Einst als Held gesehen, wird er nun zum Dämon, der für die Enttäuschung in der Liebe und das Gefühl der Demütigung, das die Frau empfindet, verantwortlich scheint.

---

[18] Irene de Castillejo, *Knowing Woman* (New York: G. P. Putnam's Sons, 1973), S. 174.

[19] C. G. Jung, *The Visions Seminars,* Part Two (Zürich: Spring Publications, 1976), S. 493.

Sobald Mann und Frau ihre positiven Bilder gleichzeitig aufeinander projizieren, kommt es zu dem scheinbar vollkommenen Zustand einer Beziehung, den wir als Verliebtheit kennen, einem Zustand gegenseitiger Faszination. Die beiden erklären, sie seien «ineinander verliebt» und sind fest davon überzeugt, die optimale Beziehung gefunden zu haben. Solche Beziehungen können folgendermaßen dargestellt werden:

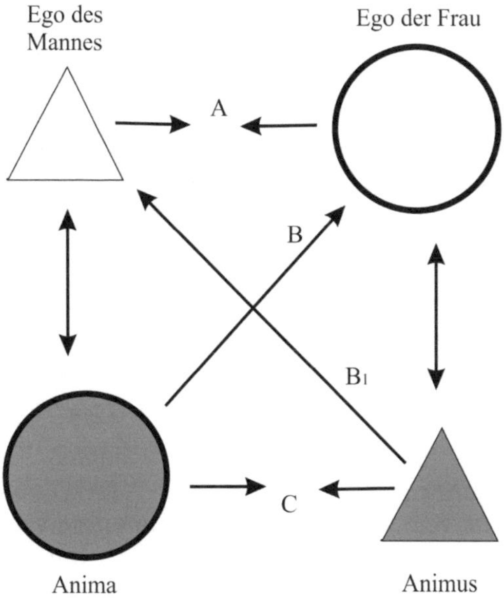


Aus diesem Diagramm ist ersichtlich, dass eine bestimmte Beziehung auf bewusster Ebene zwischen der Egopersönlichkeit des Mannes und jener der Frau besteht, dargestellt durch Linie A. Doch als Ergebnis der positiven Anima- bzw. Animusprojektion besteht auch die starke gegenseitige Anziehung, dargestellt durch die Linien B und Bl. Wesentlichster Faktor von allen ist aber Linie C, welche die Anziehung über das Unbewusste darstellt - so als hätten sich der Animus der Frau und die Anima des Mannes ineinander verliebt, und da liegt die Bindung, die mächtige Anziehungskraft zwischen den beiden, die Quelle des Magnetismus der Verliebtheit.

Über das «Sich verlieben» gibt es einiges zu sagen. Die meisten können sich wahrscheinlich noch daran erinnern, wie sie zum ersten Mal verliebt waren und welch unerwartete und starke Gefühle das auslöste. Verliebtheit zu erfahren heißt, sich für die Dinge des Herzens in wunderbarer Weise zu öffnen, und sie kann der Beginn einer wertvollen Entfaltung der Persönlichkeit und des Gefühlslebens sein. Die Erfahrung ist auch deshalb von Bedeutung, weil sie die Geschlechter einander zuführt und Beziehungen einleitet. Mag das nun glückliche oder unglückliche Folgen haben, das Leben wird gerade dadurch in Gang gehalten. Besonders für junge Menschen ist es eine schöne und natürliche Erfahrung, sich zu verlieben, und ein Leben, dem diese Erfahrung fehlt, ist zweifellos unvollkommen.

Es ist aber auch eine Tatsache, dass Beziehungen, die ausschließlich auf dem Zustand der Verliebtheit aufbauen, nie von Dauer sein können. Wie wir in Kapitel vier sehen werden, ist Verliebtheit Sache der Götter, nicht der menschlichen Wesen, und wenn Menschen versuchen, die Vorrechte der Götter zu beanspruchen und in einem Zustand der «Verliebtheit» leben (im Unterschied zur wahren gegenseitigen Liebe), kommt aus dem Unbewussten der Impuls, diesen Zustand aufzulösen. Eine Beziehung, die nur aus Verliebtheit besteht, hält einfach nicht stand, wenn sie mit der Realität einer echten menschlichen Beziehung konfrontiert wird. Sie kann nur in der Phantasiewelt bestehen, wo sie nicht im alltäglichen Stress des realen Lebens erprobt werden kann. Wenn «John und Mary» unter alltäglichen Bedingungen zusammen leben, erkennen sie einander bald als reale, unvollkommene Wesen, und je realer sie füreinander als Menschen werden, um so mehr schwächt sich die Projektion der magischen, faszinierenden Bilder aus dem Unbewussten ab. Binnen kurzem legt sich die Verliebtheit und, was noch schlimmer ist, dieselbe Anima und derselbe Animus, die sich zuerst verliebten, beginnen nun zu streiten.

Alle großen Poeten erkannten, dass Verliebtheit den Spannungen des täglichen Lebens nicht standhalten kann. Daher musste die Beziehung zwischen Romeo und Julia auch im Tod enden. Es wäre für Shakespeare undenkbar gewesen, seine große Liebesgeschichte abzuschließen, indem er sein Liebespaar ins Großkaufhaus schickt, um Kochtöpfe zu besorgen. Sie hätten sofort darum gestritten, welche Bratpfanne man denn nehmen solle und wie viel sie kosten dürfe, und die ganze schöne Liebesgeschichte wäre verraucht. Große Dichter belassen solche Liebesgeschichten dort, wo sie hingehören: in den Händen der Götter. Oder, wenn das Paar darauf besteht, seine Liebesphantasie auszuleben, kann das für sie und ihre Umgebung den Ruin bedeuten. So geschah es mit Lancelot und Guinever in *Camelot.* Nachdem sie sich verliebt hatten, bestanden sie darauf, ihre Liebesbeziehung zu einer persönlichen Angelegenheit zu machen und ihr Leben um jeden Preis darauf aufzubauen. Als sie versuchten, sich miteinander zu identifizieren, einander zu besitzen und ihre Liebesphantasie in einer sexuellen Beziehung zu erfüllen, brachte dies den Ruin für Camelot. Die große Tafelrunde, Sinnbild der Ganzheit, wurde zerschlagen. Die Geschichte ihrer Liebe wurde die traurige Geschichte ihres Niederganges, der Zerstörung der schönen Burg und des Falls von König Arthur und vielen tapferen Rittern.

Die Tatsache, dass Verliebtheit den Spannungen des täglichen Lebens nicht standhalten kann, nehmen wir nur sehr ungern zur Kenntnis, zumindest im heutigen Amerika, wo man diesen Zustand als Höhepunkt der Beziehung zwischen den Geschlechtern darstellt und uns dies auch ständig im Werbefernsehen vor Augen hält. Der Mensch ist nicht darauf erpicht, die Verlockungen der Phantasie gegen die Realität einzutauschen; lieber suchen wir weiterhin nach dem perfekten Mann oder der perfekten Frau, die unserem Idealbild entspricht und garantiert, dass wir Glück und Erfüllung finden, obwohl uns das zu zahlreichen Enttäuschungen führt und immer mehr Bitterkeit in den Becher unseres Lebens gießt.

Es sollte nun offensichtlich sein, dass einer Beziehung in dem Maße das Element menschlicher Liebe fehlt, wie sie auf Projektion aufgebaut ist. In jemanden verliebt zu sein, den man als Person nicht kennt, zu dem man sich jedoch hingezogen fühlt, weil er das Bild des Gottes oder der Göttin in unserer eigenen Seele widerspiegelt, heißt in gewissem Sinne, in sich selbst verliebt zu sein, nicht in die andere Person. Trotz der scheinbar schönen Liebesphantasien, die wir in diesem Zustand der Verliebtheit vielleicht haben, ist unsere Geisteshaltung eigentlich eher egoistisch. Wahre Liebe beginnt erst dort, wo der Mensch einen anderen Menschen als den erkennt, der er wirklich ist, und für ihn Zuneigung und Fürsorge entwickelt.

Kein menschliches Wesen kann sich mit Göttern und Göttinnen in all ihrem Glanz und ihrer Glorie messen, und die geliebte Person als die zu sehen, die sie wirklich ist, anstatt auf sie zu projizieren, mag zuerst uninteressant und enttäuschend scheinen, da menschliche Wesen alles in allem ziemlich gewöhnliche Geschöpfe sind. Daher ziehen es viele vor, ständig den Partner zu wechseln, sie sind immer auf der Suche nach der optimalen Beziehung, und sobald sich die Projektionen abgenützt haben und die Verliebtheit verschwindet, geben sie die Beziehung wieder auf. Es ist ganz klar, dass sich aus so oberflächlichen Wurzeln keine dauerhafte Liebe entwickeln kann. Zur wahren Liebe fähig zu sein bedeutet, zu reifen und an den anderen nur realistische Erwartungen zu stellen, also, die Verantwortung für das eigene Glück oder Unglück selbst zu übernehmen, und weder vom anderen zu erwarten, dass er uns glücklich macht, noch ihm für unsere schlechten Launen und Enttäuschungen die Schuld zu geben. Natürlich ist eine wirkliche Beziehung somit eine schwierige Sache, an der man arbeiten muss, doch glücklicherweise erfolgt auch die Belohnung, denn nur so reift unsere Fähigkeit zu lieben.

Das bedeutet nicht, dass Projektion etwas Schlechtes sei. An sich ist die Projektion von Anima oder Animus ein völlig natürlicher Vorgang, der immer abläuft. Anima und Animus sind in unserer Psyche rege und lebendig; wie wir bereits festgestellt haben, werden sie uns nie so vertraut sein, dass wir sie nicht auf Vertreter des Gegengeschlechts projizieren. Auf diesem Weg, über die Projektion, werden sie für uns sichtbar, und so haben wir bei jeder Projektion eine weitere Gelegenheit, unsere inneren, unsichtbaren Partner kennenzulernen, und das ist ein Weg, unsere Seele zu erkennen. Es steht auch fest, dass die Projektion oft jener auslösende Faktor ist, der die Geschlechter einander zuführt. Mann und Frau sind einander so unähnlich, dass es einer beachtlichen Anziehungskraft bedarf, um die beiden einander näherzubringen. Die Projektion bewirkt dies aufgrund der Faszination, mit der sie den Vertreter des anderen Geschlechts versieht. Aus diesem Grund beginnen die meisten Liebesbeziehungen mit Projektion, und das dient dem Leben, denn so nimmt es seinen Lauf. Die Frage ist: Was geschieht nachher? Wird die Beziehung zum Instrument für die Entwicklung unseres Bewusstseins, oder geben wir unserer infantilen Natur nach und versteifen uns im weiteren Leben darauf, dass es irgendwo jene Beziehung geben müsse, die uns vollkommene Glückseligkeit und Erfüllung bieten wird? Projektion an sich ist weder gut noch schlecht, wichtig ist, was wir daraus machen.

Zwei Beispiele aus der Geschichte können uns hier weiterhelfen. Dante und Marcus Antonius sind beide klassische Beispiele für Männer, deren Anima auf eine Frau projiziert wurde, aber sie handhabten ihre Projektion auf unterschiedliche Weise. Laut Boccaccio war Dante erst neun Jahre alt, als er Beatrice traf (die ebenso alt war wie er). Er verliebte sich sofort in sie. Wenn wir uns sofort in jemanden verlieben, können wir sicher sein, dass Projektion im Spiel ist, denn wie könnten wir jemanden lieben, den wir noch nicht kennen? Die folgende, idealisierte Beschreibung von Beatrice, die Dante einige Jahre später verfasste, zeigt den starken Einfluss des projizierten Animabildes auf Dante:

> Ihr Kleid an diesem Tage war von höchst edler Farbe, einem gedämpften und anmutigen Karmesinrot, gegürtet und geschmückt, wie es ihrem zarten Alter entsprach. In diesem Moment, fürwahr, begann der Geist des Lebens, welcher in den geheimsten Gemächern des Herzens haust, so heftig zu erzittern, dass ich bis in die letzten Fasern meines Körpers erschauerte, und unter Beben sprach er folgende Worte: *Ecce deus fortior me, qui veniens dominabitur mihi* (Sieh da, eine Göttin, stärker als ich, die hier naht, wird über mich gebieten)

> ... Von dieser Zeit an gebot die Liebe über meine Seele.[20]

Erst als Dante achtzehn war, begegnete er Beatrice wieder. Nach der zweiten Begegnung schrieb er über sie:

> ... und es geschah, dass dieselbe wunderbare Dame mir ganz in Weiß gekleidet begegnete. Und als sie die Straße entlang schritt, lenkte sie ihren Blick auf mich, der ich äußerst beschämt da stand; und in ihrer unsagbaren Gunst grüßte sie mich mit solch tugendhafter Geste, dass es schien, als hätte ich hier und jetzt die äußersten Grenzen der Glückseligkeit erfahren. Und ganz berauscht schritt ich von dannen.

Dann fügt Dante bedeutsamer weise noch hinzu:

> Danach, da es so meine Manier war, mich in Reimen zu unterhalten, beschloss ich, ein Sonett zu schreiben.[21]

Dies beendete praktisch die Beziehung zwischen Dante und Beatrice, wenn man eine so flüchtige Begegnung Beziehung nennen kann, doch es leitete Dantes Beziehung zu seiner Seele ein und katapultierte ihn auf seine erstaunliche und schaffensreiche Laufbahn als Dichter. Dante schrieb viele seiner Sonette an Beatrice, und in seinem bedeutendsten Werk, der *Göttlichen Komödie,* erscheint sie als Führerin durch den Himmel wieder. Der Umstand, dass Beatrice mit 23 Jahren einen anderen Mann heiratete und ein Jahr darauf starb, entmutigte ihn nicht im geringsten. Dante hatte seine Begegnung mit der Anima, die auf Beatrice gefallen war, in harte und kreative Arbeit umgesetzt, die ihm in seinem ganzen weiteren Leben

---

[20] Dante, *La vita nuova,* nach dem Zitat in *The Age of Faith* von Will Durant (New York: Simon & Schuster, 1950), S. 1059.

[21] Ibid.

Antrieb blieb.

Die Erfahrung des römischen Feldherren Marcus Antonius war erheblich anders. Nach der Ermordung Cäsars 44 v. Chr. wurde dessen Adoptivsohn Oktavian Herrscher im Westen, und Marcus Antonius erhielt den Osten. Marcus Antonius reiste in sein neues Herrschaftsgebiet, um die Treuehuldigung der verschiedenen Könige und Königinnen entgegenzunehmen, die nun seiner Gewalt unterstellt waren. Unter ihnen befand sich auch Kleopatra, die Königin von Ägypten. Will Durant

sagt über sie: «Ihrer Herkunft nach war Kleopatra mazedonische Griechin und vermutlich eher blond als brünett. Sie war nicht besonders schön, doch die Anmut ihrer Haltung, ihre Lebhaftigkeit und ihr reger Geist, die Vielfalt an Talenten, die Feinheit ihrer Manieren, allein der Klang ihrer Stimme, vereint mit ihrer Stellung als Königin, das alles war selbst für einen römischen Feldherren wie berauschender Wein. Sie war in griechischer Geschichte, Literatur und Philosophie bewandert, sie sprach Griechisch, Ägyptisch, Syrisch und angeblich noch andere Sprachen sehr gut; sie vereinte die intellektuelle Faszination einer Aspasia [Anm. d. Übs.: Aspasia war die Gattin des griechischen Staatsmannes Perikles (445 v. Chr.). Sie galt als äußerst intelligente und gebildete Frau, die ihrer Zeit weit voraus war. mit dem verführerischen Feuer einer völlig ungezwungenen Frau.»[22] Kleopatra, welche die Eroberte sein sollte, wurde selbst zur Eroberin, als sie den Cydnus hinauf segelte, um Marcus Antonius zu treffen, «in einer Barke mit purpurnen Segeln, vergoldetem Heck und silbernen Rudern, die zur Musik der Flöten, Pfeifen und Harfen den Takt schlugen. Die Schiffsbesatzung bestand aus ihren Dienerinnen, welche

[22] Will Durant, *Caesar and Christ* (New York: Simon & Schuster, 1944), S. 187.

wie Nymphen und Grazien gekleidet waren, während sie selbst als Venus gewandet unter einem golddurchwirkten Baldachin lag». [23] Als Marcus Antonius dieser «verführerischen Erscheinung» begegnete, verliebte er sich augenblicklich in sie, und so begann eine der berühmtesten und tragischsten Liebesaffären der Geschichte.

Kleopatra wurde für Marcus Antonius zu seiner Seele, und folglich genoss sie ungeheure Macht über ihn. Antonius wurde dadurch erschreckend geschwächt, da er seine Seele nur in der Projektion auf Kleopatra erfahren konnte, und von diesem Zeitpunkt an verfielen seine Fähigkeiten als Feldherr und Führer. Marcus Antonius war bis dahin ein angesehener militärischer Führer, dessen Mut und Hingabe an seine Armee ihm die leidenschaftliche Loyalität seiner Truppen eingetragen hatten. Wie beklagenswert sein ausschweifendes und vergnügungssüchtiges Verhalten in Friedenszeiten auch gewesen sein mag, im Krieg kehrte er stets seine beste Seite hervor und erwies sich als mutiger Mann und hervorragender Feldherr. Jetzt verlor aber Marcus Antonius die Entschlusskraft, die den erfolgreichen Feldherren auszeichnet. Als er z.B. die Parther schon in die Enge getrieben hatte und sie mit einem entschlossenen Feldzug vermutlich geschlagen hätte, beschloss er statt dessen, den Kampf aufzuschieben und gab so seinen Feinden Gelegenheit, ihre Streitkräfte umzugruppieren und ihre internen Streitigkeiten zu schlichten. Laut Plutarch handelte er «wie ein Mann, der nicht mehr Herr seiner Fähigkeiten war, sondern unter der Auswirkung irgendeiner Droge oder eines Zaubers noch immer

[23] Ibid., S. 204.

zurückblickte».[24]

Es dauerte nicht lange, bis Oktavian und Marcus Antonius in Konflikt gerieten, und beide beriefen ihre Streitkräfte für eine entscheidende Schlacht ein. Marcus Antonius hatte die überlegenere Armee und war der erfahrenere Feldherr, während Oktavian eine neue Seestreitmacht aufgebaut hatte und im westlichen Mittelmeer kurz vorher einige Seeschlachten gewonnen hatte. Doch Marcus Antonius beschloss, Oktavian zur See zu begegnen, da dies Kleopatra, die selbst eine Flotte hatte, so wünschte. «Er war schon so sehr Anhängsel der Person Kleopatras geworden, dass er, obwohl seine Landstreitmacht dem Feind weit überlegen war, den Sieg in einer Seeschlacht erringen wollte, um seiner Geliebten eine Gefälligkeit zu erweisen», schreibt Plutarch.[25]

Die zwei Seestreitmächte trafen in der berühmten Schlacht von Actium 31 v. Chr. aufeinander. Marcus Antonius hatte seine mächtige Armee von über 100000 Mann auf die großen, schwerfälligen orientalischen Galeeren aufgeteilt, aus denen seine Flotte bestand. Oktavian begegnete ihm mit seiner Flotte kleinerer, aber viel manövrierfähigerer Schiffe. Außerdem waren die Schiffe von Marcus Antonius mit Zwangsrekruten und unerfahrenen Seeleuten bemannt, während Oktavians Besatzung aus erfahrenen und loyalen Römern bestand. Trotzdem hätte Marcus Antonius die Schlacht gewinnen können, wäre er Kleopatra nicht so sehr verhaftet gewesen. Plutarch schreibt: «Noch hatte das Geschick sich nicht entschieden, und beide Seiten waren gleich stark, als

---

[24] *Plutarch's Lives,* Kapitel über Marcus Antonius; The Harvard Classics edition, translated by Dryden, corrected and revised by Clough (New York: P. F. Collier & Son Company, 1909), S. 363.

[25] 25 Ibid., S. 383.

plötzlich die 60 Schiffe Kleopatras die Segel hissten und in voller Fahrt aufs Meer hinausschossen, mitten durch die Schiffe hindurch, die im Kampf lagen ... Der Feind war erstaunt, sie mit gutem Wind in Richtung Peloponnes segeln zu sehen. Hier zeigte Marcus Antonius aller Welt, dass er nicht mehr länger von den Gedanken und Motiven eines Befehlshabers oder Mannes getragen oder von seinem eigenen Urteilsvermögen gelenkt war. Was einst im Scherz gesagt, *die Seele eines Verliebten wohne im Körper eines anderen,* bewies er nun als traurige Wahrheit. Als wäre er ein Teil von ihr und müsse gehen, wohin sie auch immer gehe, verließ er all jene, die kämpften und ihr Leben für ihn gaben, als er ihr Schiff fortsegeln sah. Er ging an Bord einer Galeere mit fünf Reihen von Rudern ... um jener zu folgen, die seinen Niedergang so geschickt eingeleitet hatte und ihn danach auch herbeiführte. »[26]

Entmutigt durch die Flucht ihres Anführers, verloren seine Streitkräfte die Schlacht. Die verbleibenden Truppen sammelten sich nochmals an Land und leisteten einige Zeit Widerstand, auf seine Rückkehr wartend. Doch als er nicht zurückkehrte, um sie weiter zu befehligen, schlugen sich sogar seine getreusten Soldaten auf die Seite des siegreichen Oktavian. Unterdessen war Marcus Antonius in tiefster Niedergeschlagenheit nach Ägypten zurückgekehrt, um sein Geschick zu erwarten. Wenige Monate später starben er und Kleopatra durch eigene Hand.

Der unterschiedliche Ausgang im Leben von Marcus Antonius und Dante kann ihrer jeweiligen Reaktion auf die Projektion der Anima zugeschrieben werden. Beide Männer erlebten die Macht der Anima, als sie sich auf eine sterbliche Frau projizierte. Dante setzte seine Erfahrung in

---

[26] Ibid., S. 387.

kreative Arbeit um und erkannte Beatrice als Gestalt seiner eigenen Seele. Marcus Antonius konnte seine Seele nur durch Projektion erfahren, was ihn zu einem Leben in Untätigkeit und Vergnügen führte und ihn derart schwächte, dass er die Integrität seiner Persönlichkeit verlor.

Diese zwei Beispiele stammen aus den Annalen der Geschichte, doch die Projektion von Anima und Animus sowie die daraus entstehenden Komplikationen in den Beziehungen zwischen Mann und Frau sind das tägliche Brot der Psychotherapeuten. Eleanor (ich nenne sie so),eine Frau Mitte Zwanzig, kam zur Beratung, da ihr Mann sie wegen einer anderen Frau verlassen hatte. Sie war groß, aber attraktiv und etwa sieben Jahre verheiratet gewesen. Ihr Mann war mit der Marine auf See gewesen und schrieb ihr, er werde nicht zurückkommen, sondern in einem anderen Teil des Landes mit der Frau leben, die er «immer schon geliebt hätte». Er teilte seiner Frau mit, dass er sieben Jahre lang nichts anderes getan hätte, als an diese andere Frau zu denken, und dass er sie jetzt finden wolle, obschon dies das Ende der Beziehung zu seiner Frau bedeute. Er erklärte Eleanor, dass er sie zwar mochte, aber nicht «liebte», während er in die andere Frau «verliebt» sei. Es war für ihn unwichtig, dass diese andere Frau bereits verheiratet war und mehrere Kinder hatte. Es gelang ihm, seine lang ersehnte Liebe aufzuspüren und sie dazu zu überreden, ihren Mann zu verlassen, um mit ihm zu leben. Vielleicht war die Beziehung zu ihrem Mann nicht besonders gut, vielleicht auch fühlte sie sich geschmeichelt, dass ein Mann sie seit sieben Jahren liebte und ritterlich quer durchs Land gereist kam, um sie zu heiraten. Mittlerweile hatte Eleanor genug.

Obwohl die Zurückweisung sie sehr schmerzte, gewann sie genügend Kraft und Selbstvertrauen, um ohne ihren Mann weiterzuleben, besonders da seine Beziehung zu ihr so oberflächlich war. Kinder hatten sie keine, und so beantragte sie die Scheidung. Die Beziehung zwischen Eleanors Mann und der Frau, die er so lange «geliebt» hatte, dauerte insgesamt elf Wochen. Dann war es vorbei, und er schrieb Eleanor wieder, mit der Erklärung, dass er nun «desillusioniert» sei. Eleanor beschloss, ihn nicht wieder aufzunehmen.

Obwohl ich ihren Ehemann nie traf, wies die Geschichte alle Kennzeichen des klassischen Falles einer Animaprojektion auf. Die Frau, von der der junge Mann sieben Jahre lang geträumt hatte, war nicht die echte Frau aus Fleisch und Blut, mit der er elf Wochen gelebt hatte, sondern das kaum erfassbare Animabild seines Geistes. Unglücklicherweise konnte er seine Seele nur durch Projektion erfahren, und es mangelte ihm offensichtlich an psychologischer Tiefe und moralischer Reife, um eine reale Beziehung über die Phantasien und Sehnsüchte zu stellen, die seine erwachte Anima ausgelöst hatte. Wäre er fähig gewesen, seine Situation anders zu sehen, hätte er vielleicht erkannt, dass die Anima, das Bild seiner Seele, ihn über seine Liebesphantasien zur fernen Frau erreichen wollte, denn genau das ist der Weg, auf dem die Anima als erstes versucht, einem Mann bewusst zu werden.

Eine andere junge Frau kam aufgrund somatischer Beschwerden, die psychogener Natur waren, zur Beratung. Jane, wie ich sie nennen werde, war seit etwa einem Jahr geschieden und hatte ein Kind. Sie schien ihren Mann sehr gemocht zu haben, hatte sich aber in einen anderen Mann verliebt. Scheinbar liebte dieser sie auch, und die beiden planten, sich von ihren Partnern zu trennen und einander zu heiraten. Jane ließ sich zuerst scheiden und wartete darauf, dass ihr Geliebter nun zu ihr käme, aber die Zeit verging, und er zögerte immer mehr. Schließlich erklärte er ihr, dass er sie zwar «liebe», jedoch nicht genug, um jeden Abend zu ihr nach Hause zu kommen. Zuletzt ließ er sich von seiner Frau scheiden, heiratete dann aber eine andere Frau statt Jane. Und so war Jane völlig allein und tief deprimiert. Ohne Ehemann, der sie unterstützte, musste sie eine Stelle als Sekretärin annehmen, eine Arbeit, die sie ganz und gar nicht mochte. Als ich sie fragte, was sie stattdessen lieber tun würde, antwortete sie höchst schuldbewusst: «Wissen Sie, eigentlich möchte ich nur Ehefrau und Mutter sein.» Das war tragisch, denn genau das konnte sie jetzt nicht sein, da sie zwar ein Kind, aber keinen Ehemann hatte und die meiste Zeit am Arbeitsplatz verbringen musste, anstatt ein Zuhause schaffen zu können.

Jane berichtete von mehreren Träumen, in denen der Mann, in den sie sich verliebt hatte, als Liebhaber zu ihr kam. Sie nahm diese Träume wörtlich, als Verkörperung der Liebesbeziehung zwischen ihnen. Damit entging ihr die innere, psychologische Bedeutung, denn der Mann im Traum kann als ihr kreativer Animus verstanden werden, eine Verkörperung ihrer eigenen kreativen Kräfte, die nun nach Vereinigung mit ihr streben. (In Träumen stellt sexuelle Vereinigung häufig das Streben eines Teiles von uns dar, sich mit unserer bewussten Persönlichkeit zu verbinden.) Bei richtigem Verständnis dieser Träume wäre Jane zur Erkenntnis gelangt, dass nach Erweckung ihrer kreativen Kräfte die Projektion auf den äußeren Mann lösbar gewesen wäre und ihr Leben einen anderen Verlauf genommen hätte. Indem sie ihre Sehnsüchte durch den Mann, der für sie das projizierte Bild des kreativen Animus trug, konkret auslebte, wählte sie anstelle eines bewussten

Weges einen unbewussten, und das endet meist in einer Katastrophe oder zumindest in einer Art Unheil. Da ihr der wirkliche Sinn ihrer Erfahrung entgangen war, konnte sie ein gewisses Potential in ihr, das nach Verwirklichung in ihrem Leben strebte, nicht erkennen. Glücklicherweise ist sie jung, und das Leben wird ihr weitere Chancen bieten.

Janes Erfahrung ist nichts Ungewöhnliches. Wie Marie-Louise von Franz[27] aufzeigt, wird eine bestimmte kreative Energie in uns, die über die Grenzen und Schranken von Ehe und Familie hinausreicht, typischerweise auf eine Person des Gegengeschlechts projiziert. Und das führt zu jener Anziehung und Faszination, die ich bereits beschrieben habe. Wenn das geschieht, sollte man genau untersuchen, was vorgeht. Bin ich mit dem falschen Partner verheiratet? Will ich von meinem Mann oder meiner Frau weg, um ständig mit dem anderen Partner zu leben? Oder ist die andere Person nur ein Anziehungspunkt, auf den sich meine Kreativität projiziert, die sich in der Ehe nicht befriedigend entfaltet? Können die ersten beiden Fragen mit Ja beantwortet werden, müssen vielleicht realistische Veränderungen im Leben vorgenommen werden. Trifft letztes zu, muss die Projektion der kreativen Kräfte zurückgenommen werden, damit man sie auf fruchtbare Weise als eigenes, inneres Potential erkennen kann.

Was Jane erlebte, kann auch im Zusammenhang mit jener Ungleichheit verstanden werden, die fast immer in Beziehungen wie z. B. einer Ehe auftritt. In einer solchen Beziehung ist meist ein Partner stärker vereinnahmt als der andere, was C.G.Jung in seiner Abhandlung über die Ehe

---

[27] Marie-Louise von Franz, *Das Weibliche im Märchen* (Bonz Verlag, 1977), S. 19 fF.

ausdrückte. [28] Für die Person, die in der Beziehung vereinnahmt ist, sind emotionelle und physische Bedürfnisse befriedigt, es besteht kein Verlangen, über die Beziehung hinauszugehen, denn der Betreffende empfindet ausreichend Erfüllung. Beim «Vereinnahmer» jedoch neigt die Libido dazu, über die Grenzen der Beziehung hinaus zu fließen und anderswo ein Ventil zu suchen. Die psychische Energie, die hinaus fließt, ist kreative Energie, welche sich leicht auf eine andere Person projiziert, es sei denn, sie findet einen geeigneten Ausweg. Für den Vereinnahmer in dieser Beziehung ist die Erkenntnis wichtig, dass unsere tiefste Sehnsucht im Verlangen nach der Einheit der Persönlichkeit besteht, einer Einheit, die laut Jung für die vereinnahmte Person über die Beziehung zugänglich ist, während der Vereinnahmer sie auf andere Weise suchen muss.

Oft ist die Persönlichkeit des Vereinnahmers komplexer und weiter entwickelt als die der vereinnahmten Person. Manchmal wechseln die Rollen auch, und es gibt Beziehungen, wo einmal dieser, einmal jener den Vereinnahmer darstellt. Oder vielleicht ist die Frau spirituell vom Mann vereinnahmt und der Mann emotionell von der Frau, oder umgekehrt. Beide haben zu kämpfen. Der Vereinnahmte verspürt Besorgnis und Kummer, da er, bewusst oder unbewusst, fühlt, dass der Partner nicht so stark an der Beziehung beteiligt ist wie er. Für den Vereinnahmer ergibt sich ein Gefühl von Frustration, manchmal auch von Schuld oder Untreue, da er sich bewusst wird, dass er bzw. sie dem Partner nicht so entgegenkommt, wie dieser es sich wünscht. Sowohl die

---

[28] C. G. Jung, *GW* 17, *Über die Entwicklung der Persönlichkeit,* «Die Ehe als psychologische Beziehung» (Walter Verlag, Olten).

Frau als auch der Mann kann für den anderen zum Vereinnahmer werden. Es scheint nicht eine Frage des Geschlechts zu sein, wer nun welche Rolle spielt, sondern vielmehr die Frage, wer die differenziertere Persönlichkeit besitzt.

Wenn ein Partner der Vereinnahmer und der andere der Vereinnahmte ist, übt das natürlich Druck auf die Beziehung aus, und das ist ein Teil jener Kraft, die Menschen eher voneinander entfernt, anstatt sie zusammenzuführen. In jeder Beziehung gibt es bestimmte Faktoren, welche die Gemeinsamkeit der Menschen, ihre Einheit und ihren Wunsch, beisammen zu sein, fördern sowie andere Faktoren, die sie eher voneinander entfernen. Es ist sinnvoll, letztere Faktoren nicht ausschließlich negativ zu betrachten, da sie auch dem Prinzip der Individualität zugehörig sind. Eine Beziehung ist die Verknüpfung zweier Menschen miteinander. Das ist eine Seite des Lebens, doch die andere Seite des Lebens fordert die Betonung einer individuellen Persönlichkeit, und um diese zu entwickeln, müssen individuelle Unterschiede anerkannt und geltend gemacht werden.

Eine ziemlich häufige Phantasie, die Verheirateten durch den Kopf geht, ist die Vorstellung, ihr Partner wäre tot. Die Phantasie kann aus dem einfachen Gedanken bestehen: «Was wäre, wenn mein Mann/meine Frau sterben sollte?» Das Bild kann sich aber auch zu einer imaginären Sterbeszene entwickeln, vielleicht sogar zu dem Wunsch, die andere Person möge sterben. Natürlich schockieren uns diese Phantasien, und wir neigen dazu, sie rasch zu unterdrücken, erschrocken, dass wir zu derartigen Gedanken neigen. Aber in den meisten Fällen sind solche Phantasien nur der Ausgleich für eine Beziehung, in der die Leben der beiden Menschen zu stark miteinander verwoben sind und ein Bedürfnis nach größerer individueller Entwicklung besteht. Denselben Gedanken drückte Jesus aus mit Worten, die schockierend wären, würden wir sie nicht als Aussage werten, welche die Wichtigkeit der individuellen, psychologischen Entwicklung hervorhebt: «Wenn jemand zu mir kommt und nicht Vater und Mutter und Weib und Kinder und Brüder und Schwestern und dazu auch sein eigenes Leben hasst, kann er nicht mein Jünger sein.»[29]

Durch das Bedürfnis nach individueller Entwicklung werden Beziehungen jedoch nicht hinfällig, aber nur losgelöste Wesen können Beziehungen eingehen. Wenn es nicht bei beiden Menschen eine individuelle Entwicklung gibt, kann keine echte Beziehung entstehen, statt dessen ergibt sich eine wechselseitige Identifikation, welche die psychologische Entwicklung beider Partner abstumpft. Dennoch, sobald sich das Prinzip der Individualität in einer Beziehung durchsetzt, ist es wichtig, dass die betreffenden Partner fähig sind, ihre Unterschiede zu diskutieren und zu akzeptieren. Es ist auch von Vorteil, wenn die beiden Partner bestimmte Dinge gemeinsam haben. Eine Ehe bleibt z. B. eher dann lange bestehen, wenn Mann und Frau über einen gemeinsamen Hintergrund hinsichtlich Rasse, Religion und Bildung verfügen oder gemeinsame Ziele verfolgen, z. B. Kinder aufzuziehen oder auch ein gemeinsames finanzielles Ziel, und auch gemeinsame Freunde haben.

Jede Beziehung ist eine Mischung aus Bereichen, in denen Menschen einander begegnen, und Bereichen, in denen sie einander nicht begegnen, da sie eben verschieden sind. Verda Heisler, die Autorin des interessanten Artikels «Individuation

[29] Lk. 14,26.

through Marriage»[30] (Individuation durch Ehe), stellt die Situation graphisch folgendermaßen dar:

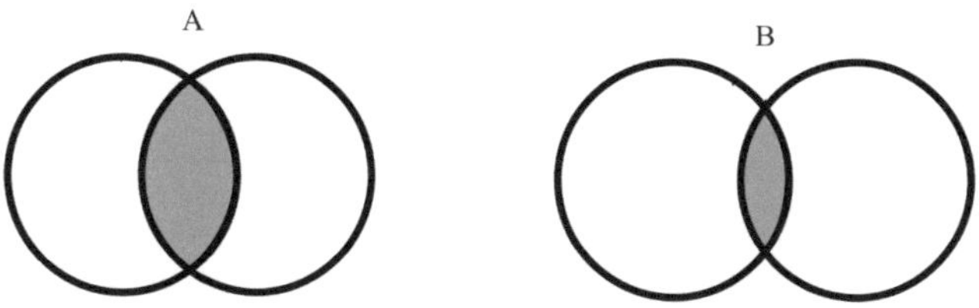


Die schraffierten Bereiche in diesem Diagramm zeigen die Gebiete, auf denen Mann und Frau gemeinsame Interessen, Ziele oder Bestrebungen teilen. Die weißen Bereiche stehen für Gebiete, in denen individuelle Unterschiede bestehen. Das Maß der Überlappung kann größer oder kleiner sein. So zeigt Diagramm A eine Beziehung, in der mehr geistiges Leben gemeinsam ist als in Diagramm B.

Natürlich haben unsere unsichtbaren Partner eine schicksalshafte Auswirkung auf Beziehungen. Kommt es zur Projektion, können Anima und Animus, wie gesagt, eine außerordentliche Anziehung oder Ablehnung zwischen Mann und Frau hervorrufen und sie unweigerlich dazu verleiten, den Partner zu hoch oder zu tief einzuschätzen. Doch Anima und Animus wirken sich - neben der Projektion - auch stark auf das Bewusstsein von Mann und Frau aus, und auch das kann Beziehungen empfindlich stören. Dem möchte ich mich nun zuwenden.

---

[30] Verda Heisler, «Individuation through Marriage», *Psychological Perspectives,* Fall 1970, Bd. I, Nr. 2.

# Kapitel 2

Mythen und Märchen, spontane Schilderungen psychologischer Realität, beschreiben oft Anima und Animus, und durch ihre lebhafte Bilderwelt zeigen sie uns, wie diese das menschliche Leben beeinflussen können. Nehmen wir als Beispiel den griechischen Circe-Mythos. Circes Weiblichkeit war besonders ausgeprägt, und sie war bekannt für ihre Reize und ihre bösen Bannsprüche. Sie hatte ihren Mann vergiftet und lebte nun in einem schönen Palast auf der Insel Aia. Als Zauberin verfügte sie über die Macht, jeden Mann, der an die Gestade ihrer Insel gelangte, in ein Tier zu verwandeln. Die bekannteste Geschichte über Circe finden wir in der Odyssee. Odysseus' Männer haben sich auf die Insel gewagt und sind von Circe willkommen geheißen worden, die sie nun unterhält und ein prächtiges Festmahl in ihrem Palast gibt. Doch gerade auf dem Höhepunkt von Vergnügen und Frohsinn legt Circe ihren bösen Bann auf die Männer und verwandelt sie in Schweine. Odysseus selbst ist glücklicherweise vorher durch den Gott Hermes gewarnt worden, der ihm ein Kraut als Gegenmittel für Circes bösen Zauber mitgegeben hat.

Solcherart vorbereitet, kann Odysseus Circe schließlich besiegen und zwingt sie, seine Männer von ihrem bösen Bann zu befreien. Doch auch dann noch ist ihre Faszination so groß, dass Odysseus' Liebelei mit ihr ein Jahr dauert, er unterdessen seine Frau Penelope und die Dringlichkeit seiner Heimreise vergisst.

Die Sirenen, denen wir ebenfalls in der Odyssee begegnen, waren nicht weniger gefährlich als Circe. Sie waren furchteinflößende, weibliche Geschöpfe mit einem Vogelkörper und dem Kopf einer Frau. Ihre Musik war so wohlklingend und verlockend, dass kein Mann, der sie hörte, dem Verlangen, ihr zu folgen, widerstehen konnte. Sobald er sich aber den Sirenen näherte, fielen sie über ihn her, rissen ihn in Stücke und fügten seine Gebeine zu den unzähligen Skeletten, die bereits über ihre schreckliche Insel verstreut lagen. Odysseus selbst wäre den Sirenen zum Opfer gefallen, hätte Circe ihn nicht gewarnt. Bevor er mit seinem Schiff an ihrer Insel vorbeifuhr, hieß er seine Männer die Ohren zustopfen, damit sie die todbringende Musik nicht hören konnten. Er selbst war am Mast sicher festgebunden und konnte auf diese Weise, obschon er die Musik hörte, die Insel gefahrlos passieren.

In beiden Geschichten treffen wir auf weibliche Wesen, die für Männer äußerst gefährlich sind. Sie verfügen über große Verführungskunst, und durch ihr Anerbieten von Vergnügungen oder Musik gelingt es ihnen, die Männer in einen Zustand der Unbewusstheit zu locken. Sobald die Männer verführt und ihrer Kraft beraubt worden sind, werden sie zerstört. Die Verwandlung von Odysseus' Männern in Schweine stellt die Herabsetzung männlichen Bewusstseins auf seine niedrigste, schweineähnliche Natur dar, und einen Geisteszustand, in dem der Mann mit seinem Hunger nach Sex und Vergnügen eins geworden ist.

Die Zerfleischung der Männer durch die Sirenen zeigt, wie die tödliche Macht der Anima männliches Bewusstsein in Stücke reißen kann, indem sie den Mann durch den Anreiz von Lust und Vergnügen in einen Zustand der Unbewusstheit lockt. So stellt die griechische Mythologie die todbringende, gefährliche Seite der Anima dar, die den Mann in sein Verderben führen kann.

Von Marcus Antonius könnte man sagen, dass er den schlechten Auswirkungen der Anima in ihrem Circe- und Sirene-Aspekt zum Opfer fiel, denn er wurde eins mit seinem Hunger nach Vergnügen, und die sirenenartige Anima, die er auf Kleopatra projizierte, führte ihn in sein Verderben. Odysseus kann seinem bösen Schicksal entgehen, da er gewarnt worden ist, das heißt, er ist sich der Bedeutung der Situation bewusst geworden. Ausgestattet mit dem Wissen um die tödliche Natur der Circe, kann der Held ihre gefährliche Seite überwinden und ihre hilfreiche Seite erfahren, denn sie ist es, die ihn vor den Sirenen warnt und ihm sagt, wie er sicher vorbeigelangen kann. Odysseus' Männer, die das gewöhnliche Bewusstsein darstellen, hören die Musik der Sirenen nicht, doch Odysseus hört sie. Held ist jener Mann, der den Auswirkungen der Anima völlig ausgesetzt ist, doch geistig aufgeklärt ist und so nicht Opfer ihrer negativen Seite wird.

Ein eindrucksvolles Beispiel für die gefährliche Seite des Animus finden wir in der Geschichte von Tobias in den Apokryphen. Die Geschichte erzählt von einer schönen jungen Frau, Sarah, die vom Dämon Asmodi besessen ist. Siebenmal war Sarah verheiratet, doch jedes Mal war in der Hochzeitsnacht der Dämon Asmodi erschienen und hatte ihren Mann erwürgt. Sarah betet zu Gott, der sie erhört und ihr zu helfen beschließt. Er erhört auch die Gebete des rechtschaffenen alten Blinden Tobias und dessen Sohnes

Tobias. Und so sendet er den Engel Raphael, um dem alten Mann, seinem Sohn und der jungen Sarah zu helfen.

Raphael führt den jungen Tobias auf eine Reise, und unterwegs gelangen sie an einen Fluss. Tobias geht zum Fluss hinunter, um sich zu waschen, als ein Fisch herausspringt, der ihn verschlungen hätte, hätte Raphael nicht gerufen: «Ergreife den Fisch und lass ihn nicht los.»[31] Tobias fängt den Fisch und wirft ihn an Land. Nach Anweisung des Engels schneidet er Herz, Leber und Galle heraus und nimmt sie mit sich. Schließlich gelangen sie zu Sarahs Haus, wo Raphael Tobias mitteilt, er solle die junge Frau heiraten. Zuerst hat Tobias Einwände: «Ich habe mir sagen lassen, dass sie schon siebenmal zur Ehe gegeben wurde, jedes Mal aber ist ihr Mann im Brautgemach gestorben ... So habe ich nun etwas Angst bekommen. Ihr tut der Dämon nichts, weil er sie liebt, aber sobald einer sich ihr nähern will, tötet er ihn.»[32] Doch der Engel weist ihn an, aus Herz und Leber des Fisches eine Räucherung zu bereiten und erklärt ihm, dass der Dämon in den entferntesten Winkel der Erde fliehen werde, sobald er den Rauch rieche. Tobias handelt, wie ihm befohlen. Er verliebt sich in Sarah, heiratet sie und bereitet am selben Abend die Räucherung aus Herz und Leber des Fisches, und Asmodi, der den Rauch riecht, ist gebannt.[33]

Asmodi verkörpert den Animus, der wie ein Dämon handelt, wenn eine Frau von ihm besessen ist. Die Wahrscheinlichkeit, von einem unbewussten Inhalt besessen zu werden, ist groß, wenn uns dieser unbekannt ist

---

[31] Tob. 6,3.

[32] Ibid., 6,14-15.

[33] Die Galle des Fisches wird später in der Geschichte dazu verwendet, den alten Tobias von seiner Blindheit zu heilen.

und wir keinen Bezug zu ihm haben, doch er ist hilfreich, wenn wir eine Beziehung zu ihm herstellen, indem wir uns des Inhalts des Unbewussten gewahr oder bewusst werden. Hinsichtlich der Komplexe, die das Unbewusste umfasst, hat man festgestellt, dass die meisten Menschen sich fragen, ob sie irgendwelche Komplexe hätten; was sie nicht wissen, ist, dass ihre Komplexe sie haben. Asmodi besitzt Sarah, und daher ist er ein Dämon. Er zerstört ihre sieben Ehemänner, denn wenn der Animus eine Frau besitzt, zerstört er menschliche Beziehungen und den Eros.

Engel und Fisch symbolisieren die Heilkraft des Unbewussten, genauer noch die Kraft eines spirituellen Lebens. Wie Jung einmal aufzeigte, besteht das Gegenmittel für Besessenheit durch Böses darin, die Seele mit einem Geist zu erfüllen, der mächtiger als das Böse ist. Als Tobias Herz und Leber des Fisches erhitzt und den Rauch aufsteigen lässt, ist es, als würde eine neue geistige Kraft in Sarahs Seele einziehen, so dass kein Platz mehr für die böse, dämonische Kraft ist. Tobias erweckt natürlich auch Sarahs Eros und damit ihre Gefühle für den Mann und die Beziehung. Der Eros und die menschliche Wärme haben auch die Kraft, die böse Macht zu bannen. Damit liefert uns die Geschichte den Schlüssel dazu, wie eine Frau die tödlichen Auswirkungen des Animus unschädlich machen kann: Ihre Seele muss mit einem Geist erfüllt sein, der mächtiger ist als der des zerstörerischen Animus, und ihre Eros- und Beziehungsfähigkeit müssen lebendig sein.

Der Dämon Asmodi, die Zauberin Circe und die verführerischen Sirenen symbolisieren die destruktiven Auswirkungen von Animus und Anima. Gewöhnlich erleben wir zuerst diese negative Wirkung, und wir müssen sie überwinden, wenn wir die positiven Aspekte unserer unsichtbaren Partner erkennen wollen. Der negative, zerstörende Effekt stellt die «schlechte Nachricht» über Anima und Animus dar, also werden wir ihn zuerst betrachten; die «gute Nachricht», die hilfreiche, positive Seite von Anima und Animus, ist für das nächste Kapitel vorgesehen.

Der negative Effekt von Anima und Animus steht in direktem Zusammenhang damit, dass ein Mann sich seiner weiblichen Seite nicht bewusst ist und sie abwertet und eine Frau ihre männliche Seite nicht erkennt. Die Anima ergreift in dem Maße Besitz vom Mann, in dem er es versäumt, weibliche Werte in sich selbst, in seinem Leben und in Frauen wirklich anzuerkennen und zu respektieren. Aus diesem Grund müssen Männer lernen, mit Frauen zu reden und auf sie zu hören, denn die Frau kann den Mann in dem unterrichten, was für sie wichtig ist. So erhält er auch mehr Bezug zum Eros und dessen Werten, und er kann leichter eine angemessene Beziehung zur Anima herstellen, was wichtig ist, denn in der Auseinandersetzung mit archetypischen Gestalten des Unbewussten heißt der Schlüssel Bezogenheit. Sobald diese Gestalten Verbindung zum Bewusstsein haben, manifestiert sich eher ihre positive Seite, während sie sich sonst eher von ihrer dämonischen Seite zeigen.

Die Anima ist es, die hinter den Launen des Mannes steckt. Ist der Mann von der Anima besessen, versetzt ihn das in düstere Stimmung, er ist rasch beleidigt, reagiert übersensibel und zieht sich zurück. Eine vergiftete Atmosphäre umgibt ihn, und es scheint, als wäre er in eine Art geistigen Nebel gehüllt. Er verliert seine Beziehungsfähigkeit und Objektivität, und seine männliche Standfestigkeit wird von seiner Misslaunigkeit untergraben. Wenn der Mann in dieser Gemütsverfassung argumentiert oder schreibt, kommen Gift und Misslaunigkeit unweigerlich zum Vorschein. Beim geschriebenen Wort zeigt sich der Einfluss der Anima in Sarkasmen, Sticheleien, Belanglosigkeiten und giftigen Bemerkungen, die eine subjektive, persönliche Voreingenommenheit enthüllen, was die objektive Qualität der Arbeit beeinträchtigt. In den Klauen der Anima handelt der Mann für alle Welt wie eine Art minderwertige Frau, die über dieses und jenes ungehalten ist, und genau das trägt er auch tatsächlich in sich.

Eine derartige Stimmung kann den Mann ganz plötzlich befallen. Eine scheinbar zufällige Bemerkung von jemandem, eine leichte, fast unbemerkte Enttäuschung, und plötzlich ist er verstimmt. Erstaunlicherweise bemerken Männer fast nie, dass etwas aus ihrem Inneren sie plötzlich erfasst hat, dass sie eine Stimmung überfallen hat, was völlig selbsttätig erfolgt ist. Solche Launen können den Mann einfach ein bisschen missmutig oder eine Weile verdrießlich machen, sie können aber auch gefährlich düster werden. Wird das zu einem chronischen Gemütszustand, führt das manchmal zu Alkoholismus oder schwerer Depression. Unter bestimmten Umständen versetzt eine solch intensive Anima-Laune den Mann in ein derartiges Gefühl der Hoffnungslosigkeit, dass er Selbstmord begeht. Zweifellos erklärt die Präsenz der Anima im Mann, warum zwar weniger Männer Selbstmordversuche begehen als Frauen, es jedoch mehr Männern gelingt, sich tatsächlich das Leben zu nehmen. Es ist, als sagte die Anima: «Es ist alles vergebens», worauf der Mann in absolute Verzweiflung gerät.

Die Frau im Leben des Mannes könnte ihm einiges über die Anima-Launen erzählen. Sie spürt meist sofort, wenn er von dieser Stimmung befallen ist, da er dann für die Beziehung unzugänglich ist. Man erreicht den Mann nicht durch diese Stimmung hindurch, es scheint, als wäre er verschwunden und jemand anders hätte seinen Platz eingenommen. Die Launenhaftigkeit des Mannes hat in der Folge auch eine beunruhigende Wirkung auf die Frau, die es schwierig findet, mit einem Mann zusammen zu sein, der sich in diesem Gemütszustand befindet.

Gelangt man auf den Grund einer solchen Laune, findet man heraus, dass etwas missglückt ist, doch der Mann erkennt vielleicht kaum, was es genau ist. Möglicherweise missfällt seiner inneren Frau das, was er tut. Sie lehnt z. B. seine Arbeit ab, da sie dadurch ihrer Lebensenergie beraubt wird oder ihr die Erfüllung im Leben versagt bleibt. Es scheint, als müssten die innere Frau des Mannes und der innere Mann der Frau im Leben ebenso befriedigt werden, doch Erfüllung finden sie nur durch das Leben, das ihr äußerer Mann bzw. ihre äußere Frau führen. Stellen Sie sich eine Frau vor, der ein geeigneter Wirkungsbereich im Leben versagt bleibt, die gezwungen ist, ein Leben zu ertragen, das keinen Raum für ihre Emotionen oder ihre eigene Kreativität bietet. Eine solche Frau wäre sicherlich unzufrieden, und ihr Unbehagen würde in der schlechten Atmosphäre, die sie dadurch schafft, spürbar. Genau das geschieht mit der Anima, wenn sie nicht genug Anteil am Leben des Mannes hat.

Doch die negative Anima-Laune kann auch Funktion einer Beziehung sein. Der Mann wird z. B. in diese Stimmung versetzt, wenn seine Gefühle verletzt wurden. Jemand hat ihn ignoriert, ihm einen verbalen Seitenhieb versetzt oder ihn irgendwie zurückgewiesen, und nun ist er verletzt und wütend. Ist es ihm möglich, seine Gefühle auszudrücken, ist alles in Ordnung - die Missstimmung kann nicht von ihm Besitz ergreifen. Hat z. B. seine Frau seine Gefühle verletzt, und er sagt zu ihr: «Was du gesagt hast, macht mich wirklich wütend», ist er er selbst, die Anima kann ihn nicht besetzen, und er ist nicht weiter verstimmt. Drückt der Mann seine Gefühle jedoch nicht aus, gelangen sie ins Unbewusste und werden von der Anima aufgenommen. Der Zorn, den er nicht ausdrückte, wird direkt von der Anima übernommen, die ihn in Missmut umwandelt: Tatsächlich ist Übellaunigkeit bei einem Mann ein Anzeichen dafür, dass die Anima am Werk ist. In den Händen der Anima schwelt, brennt und nagt der unausgedrückte und unaufgelöste Zorn an ihm und zeigt sich in passivaggressiven Launen und Verhaltensweisen. Er ist ständig bereit, in Flammen aufzugehen, denn nicht der Mann hat seinen Zorn, sondern der Zorn hat ihn. Er ist von Wut besessen, und sein Zorn ist ständig in Gefahr, zum furchtbaren Affekt zu werden, es scheint, als ob die Anima mit ihrem brennenden Streichholz nur darauf wartete, es in das bereitstehende Benzinfass zu werfen, wodurch der Mann in unkontrollierten, alles vernichtenden Zorn ausbricht.

Jung bemerkte, die Anima sei immer dann am Werk, wenn bei einem Mann Emotionen und Affekte auftreten. Er schrieb: «Sie verstärkt, übertreibt, verfälscht und mythologisiert alle emotionalen Beziehungen zu Beruf und Menschen beiderlei Geschlechts.»[34] Für den Mann besteht das Gegenmittel darin, zu erkennen, was er fühlt, und die Fähigkeit zu entwickeln, seine Gefühle in Beziehungen auszudrücken. Das hält seine Emotionen den Klauen der

[34] Jung, *GW* 9, I, S. 86

Anima fern und stellt sie außerdem zufrieden, da er auf die Verletzung richtig reagierte. Die Anima will nicht unbedingt Trägerin für das Gefühlsleben des Mannes sein, es trifft sie eher aus Versehen. Sie scheint zu sagen: «Warum reagierst du nicht auf diese unangenehme Sache, die man dir gerade angetan hat? Wenn du nichts tust, werde ich etwas unternehmen.» Ist etwas in einer emotionell wichtigen Beziehung missglückt, wird die Anima so lange murren, bis der Mann die Sache in Ordnung bringt oder mit seinen Gefühlen in entsprechender Weise fertig wird.

Leider haben viele Männer Schwierigkeiten, ihre Gefühle auszudrücken. Sie ziehen es vor, wenn ihre Beziehungen sanft, leicht und bequem verlaufen. Nur sehr ungern gehen sie auf emotionell gefärbte Diskussionen oder schwierige Themen ein. Sie wollen «ihre Ruhe und ihren Frieden» und erwarten von ihrer Frau, eine angenehme Atmosphäre zu bewahren und keine unangenehmen Dinge zur Sprache zu bringen. Wenn wir aber Beziehungsangelegenheiten ignorieren, verschlimmert das die Situation, und der Mann, der seine Gefühle ständig verleugnet und sie nicht zu den Menschen in seinem Leben in Bezug setzt, wird zu einem chronisch missmutigen, launischen, Anima-geplagten Wesen. Er wird eins mit seinen Launen, als hätte eine Hexe von ihm Besitz ergriffen.

Gelingt es dem Mann allmählich seine Gefühle auszudrücken, bewahrt er nicht nur sein Gefühlsleben vor den Klauen der Anima, auch die Entwicklung seiner Persönlichkeit schreitet voran. Der Mann, der emotionell gefärbten Begegnungen mit anderen Menschen immer ausweicht, ist in seinem Mutterkomplex gefangen. Eine Möglichkeit, sich daraus zu befreien, besteht darin, sich in einer Beziehung auszudrücken. Gelingt ihm das nicht, bleibt er emotionell ein kleiner Junge, der Frauen fürchtet, ihnen grollt, wenn sie ihn nicht immer glücklich machen und dem der Kontakt zu seiner eigenen männlichen Stärke fehlt.

Männer weigern sich oft, unangenehme Dinge zu besprechen, die in einer Beziehung aufgetreten sind, da sie den Zorn der Frau oder ihren eigenen Zorn fürchten oder Angst vor Zurückweisung und Schmerz haben. Eine Lösung dieser Dinge erfordert, dass der Mann mit seinem Zorn zurechtkommt, mit ihm so weit vertraut ist, dass er ihn ausdrücken kann, ohne davon überwältigt zu werden, und er muss sich auch seine kreative, dunkle Seite zugestehen. So erzählte mir ein Bekannter, dass er bei jedem Streit mit seiner Frau in Nähe der Türe stand, so dass er weggehen konnte, sobald er wütend wurde; sein Zorn flößte ihm selbst solche Angst ein. Erst als er in diesem Punkt mit sich im reinen war, konnte er die Beziehung zu seiner Frau gestalten.

Fürchtet der Mann den Zorn der Frau, geht das oft auf den kleinen Jungen in ihm zurück. Beobachten Sie einen kleinen Jungen, wenn seine Mutter böse auf ihn ist! Beachten Sie, wie unangenehm ihm das ist und wie viele kleine Jungen sehr verletzt sind und alles versuchen, um ihre Mutter zu besänftigen. Oder, wenn sie etwas robuster sind, zeigen sie kindlichen Trotz, um nicht von den eigenen Gefühlen überwältigt zu werden.

Der beißende Zorn der Frau und die Macht ihrer Ablehnung haben starken Einfluss auf andere Menschen, besonders auf Männer und Jungen. Soll der Mann die Fähigkeit entwickeln, mit Frauen Beziehungen einzugehen, muss er die Angst vor ihrem Zorn und die Besorgnis, abgewiesen zu werden, überwinden. Das bedeutet, er muss den kleinen Jungen in sich finden und ihm helfen. Indem er den verletzten kleinen Jungen in sich erkennt, identifiziert er sich nicht so schnell mit ihm und kann in der Beziehung zur Frau in seinem Leben Mann bleiben.

Er muss sich auch mit der zornigen, abweisenden Seite seiner Frau auseinandersetzen. Vielleicht fragt er sich: «Warum muss sie denn so sein?» Doch so wie die Anima eine negative Seite hat, die er überwinden muss, will er die positive Seite sehen, muss jeder Mann fähig sein, die dunkle Seite der Frau in seinem Leben zu ertragen, wenn er ihre zarte, lebenspendende Seite kennenlernen will.[35] Die Befürchtung des Mannes, er werde abgelehnt, wenn er in einer Beziehung ein schwieriges Thema aufwirft, ist meist unbegründet. Eine Frau, der ein Mann etwas bedeutet oder die auch nur ihrem Instinkt für Zusammenhänge folgt, ist durchaus fähig, sich mit den Dingen auseinanderzusetzen und sie aufzuarbeiten. Ein junger Mann, der in einem Restaurant arbeitete, hatte einmal eine heftige Auseinandersetzung mit einer der Kellnerinnen und sagte ihr dabei unverblümt, was er von ihr und gewissen Dingen, die sie tat, dachte. Danach kam er erstaunt zu mir und sagte: «Wissen Sie, man kann einer Frau alles sagen, was man will, solange ein Zusammenhang besteht.» Er war verwundert, dass dieses Mädchen ihm zugehört und geantwortet hatte und ihn nicht wütend hatte stehen lassen.

---

[35] Übrigens ist nicht jede wütende Frau «im Animus» oder animusbesessen. Männer neigen dazu, jeglichen Zorn in einer Frau dem Animus zuzuschreiben, und die Frau kann so auf subtile Weise davon abgehalten werden, ihre heftigen Gefühle auszudrücken, mit denen Männer nicht gerne konfrontiert werden. Wie wir noch sehen werden, kann der Animus sehr wohl die Sache übernehmen und den Zorn für die Frau zum Ausdruck bringen, doch die Frau selbst ist durchaus fähig, wütend zu werden.

Bezogener Zorn bedeutet, dass es um Dinge geht, die mit dem zu tun haben, was zwischen den beiden Menschen vorgeht. Er ist ehrlicher Ausdruck von echten Gefühlen. Drückt der Mann den Zorn einer Frau gegenüber ohne Bezug aus, tut er das indirekt, indem er eine schlechte Atmosphäre schafft oder sich in einer egozentrischen Haltung gehen lässt. Drückt er seinen Zorn auf bezogene Weise aus, wird er ihr einfach sagen, was ihn stört. Wenn die Frau den Mann schätzt, wird sie nicht zurückweisend reagieren; im Gegenteil, sie wird darüber froh sein, da es ihr zeigt, dass ihm die Beziehung etwas bedeutet. Aus der Sicht einer Frau bedeutet das Ignorieren von Beziehungsangelegenheiten dasselbe, wie sie selbst zu ignorieren, und das heißt für sie, dass sie und ihre Beziehung für den Mann nicht wichtig sind.

Oft wird ihr der Zorn des Mannes sogar recht sein, da er ihr zeigt, dass sie zu weit gegangen ist. Wo Emotion ist, geschieht etwas, und das heißt, die andere Person nimmt an der Beziehung teil. Ein Mann, der nie Emotionen zeigt, hinterlässt ein Vakuum in der Beziehung, und seine Passivität verleitet die Frau dazu, ihn zu dominieren, falls er es zulässt. Gerade die Passivität des Mannes in der Beziehung bringt den Animus der Frau zum Vorschein. Der Zorn des Mannes ist vielleicht die gesunde Reaktion auf diese Dominanz, und die Frau wird froh darüber sein, denn darin erkennt und respektiert sie seine Stärke und befreit sich dadurch auch von ihrer instinktiven Neigung, ihn zu dominieren. Es ist, als würde sie sagen: «So ist es also. Jetzt kann ich aufhören, ihn zu dominieren, da er er selbst geworden ist.»

Ich habe hier betont, wie die Frau die emotionellen Reaktionen des Mannes schätzt, doch es kann auch so sein, dass sich der Mann möglicherweise nach einer echten emotionellen Reaktion seiner Frau sehnt; meist ist es zwar der Mann, der sich emotionell aus einer Beziehung zurückzieht, doch ist das eine Verallgemeinerung mit vielen Ausnahmen.

Andererseits, wenn die Anima die Emotionen des Mannes ergreift, wie Jung sagte, verfälscht, verstärkt und übertreibt sie dabei. Die Verzerrungen, welche die Anima im Geist eines Mannes schafft, haben James Hillmann dazu veranlasst, eine unter Jungschen Psychologen oft zitierte Theorie zu bestreiten, die besagt, dass Männer sich über ihre Anima verbinden, dass ein Mann mit einer «gut entwickelten Anima» sich sozusagen über sie mit anderen Menschen in Beziehung setzt. Hillmann führt aus, dass die Anima nicht Bestandteil sein darf, wenn wir Beziehung wünschen. «Es scheint seltsam», schreibt er, «dass die Anima jemals als Hilfe für menschliche Beziehungen betrachtet wurde. In jeder ihrer klassischen Formen ist sie ein nichtmenschliches oder halb-menschliches Geschöpf und ihre Wirkweise entfernt uns von der individuellen Situation. Sie verursacht Launen, Verzerrungen und Illusionen, die menschlicher Beziehung nur dort dienlich sind, wo die betreffenden Personen dieselbe Laune oder Phantasie teilen. Wollen wir Beziehung, dann fort mit der Anima!»[36] Es ist der Mann selbst, der sich verbindet, und wenn die Beziehung von der Anima bestimmt ist, wird eine archetypische Phantasie durch menschliche Akteure ausgelebt, oder es erfolgen die Übertreibung und Verfälschung von Emotionen bzw. emotionsgeladenen Inhalten, wie Jung dies beschrieben hat.

Wir dürfen auch nicht vergessen, dass der rechte Ort der Anima innen und nicht außen ist. Sie ist Funktion in der Beziehung zwischen dem Bewusstsein des Mannes und

---

[36] James Hillman, «Anima», *Spring,* 1973, S. 111.

seinem Unbewussten, nicht aber in der Beziehung zwischen ihm und anderen Menschen. Dringt sie in diese äußere Sphäre ein, ergeben sich Schwierigkeiten. Männer sind durchaus fähig, eigenständig Beziehungen anzuknüpfen und eigene Gefühle zu entwickeln, die Anima braucht nicht dafür zu sorgen.

Die Anima beeinträchtigt nicht nur die emotionellen Reaktionen des Mannes, sie kann auch sein Denken empfindlich stören. Ist ein Mann z. B. animabesessen, beginnt er anstelle echter Gedanken Meinungen kundzutun, so, als spräche die Anima direkt durch ihn. Und die Anima drückt sich dabei aus, wie wenn sie einen Animus hätte, das heißt, sie äußert Meinungen ohne Berücksichtigung der Fakten, Beziehung oder Logik. In dieser Gemütsverfassung argumentiert der Mann mürrisch, und seine männliche Objektivität verliert sich in einem Meer emotionell gefärbter und erbitterter Meinungen, die sich selbst in einer vernünftigen Diskussion als äußerst widerstandsfähig erweisen. Jung meinte dazu: «Gewiss können auch Männer sehr weiblich argumentieren, nämlich dann, wenn sie animabesessen sind und dadurch in den Animus ihrer Anima verwandelt werden. »[37]

Sie kann sein Denken beeinträchtigen, indem sie ihre eigenen Vorstellungen davon, was wünschenswert sei, einfließen lässt. Das Ergebnis ist eine Art Animadenken, in dem die klare Unterscheidungsgabe des Mannes verschwimmt und sich sein Logos verzerrt. Es scheint, als würde die Anima in ihrem Bestreben, eine Art «Gemeinsamkeit» zu fördern, alle Ungleichheiten verwischen und alle wahren Unterschiede ignorieren. Dann ist der Mann nicht so sehr Opfer einer Laune, sondern

[37] Jung, *GW* 9, II, *Aion,* S. 24.

vielmehr Opfer einer mächtigen Gestalt in seinem Inneren, die sein bewusstes Denken zu formen sucht und Verschwommenheit statt Bestimmtheit, Nebel statt klare Sicht hervorruft.

Zu den negativen Attributen der Anima gehört auch ihre Fähigkeit, die kreativen Impulse des Mannes zu vergiften. Sobald der Mann einen kreativen Impuls verspürt, der ihn über das Gewöhnliche hinausführen würde, scheint ihm eine feine Stimme destruktive Gedanken einzuflüstern, die ihn auf seinem Weg völlig blockieren können. Nehmen wir an, der Mann fasst den Entschluss, ein Buch oder einen Artikel zu schreiben. Meist wird die Anima flüstern: «Für wen hältst du dich eigentlich? Du willst etwas schreiben?» oder: «Aber das ist ja schon geschrieben worden» oder: «Das wird doch niemals jemand publizieren.» Vielen Männern wird ihre kreative Energie durch diese feine Stimme genommen, die scheinbar alle Versuche des Mannes, etwas aus sich zu machen, abtöten will.

Jung erzählt in seiner Autobiographie *Erinnerungen, Träume, Gedanken,* dass er diese giftige Stimme vernahm, als er die Beziehung zu seiner unbewussten Persönlichkeit über die Technik der kreativen Imagination auszuarbeiten begann.[38]

> Während ich an den Phantasien schrieb, fragte ich mich einmal: «Was tue ich eigentlich? Bestimmt hat es mit Wissenschaft nichts zu tun. Also was ist es dann?» Da sagte eine Stimme in mir: «Es ist Kunst.» Ich war höchst erstaunt, denn es wäre mir nicht in den Sinn gekommen, dass meine Phantasien etwas mit Kunst zu tun haben könnten ... Ich wusste, dass die Stimme von einer Frau stammte und

---

[38] Im Anhang dieses Buches ist eine Beschreibung der aktiven Imagination gegeben.

erkannte sie als die Stimme einer Patientin, einer begabten Psychopathin, die eine starke Übertragung auf mich hatte. Sie war zu einer lebendigen Gestalt in meinem Inneren geworden.

Natürlich war das, was ich tat, nicht Wissenschaft. Was anderes konnte es also sein als Kunst? Es schien auf der ganzen Welt nur diese zwei Möglichkeiten zu geben! Das ist die typisch weibliche Art zu argumentieren.

Mit Nachdruck und voller Widerstände erklärte ich der Stimme, dass meine Phantasien mit Kunst nichts zu tun hätten. Da schwieg sie, und ich fuhr fort zu schreiben. Dann kam eine nächste Attacke - die gleiche Behauptung: «Das ist Kunst.» Wiederum protestierte ich: «Nein, das ist es nicht. Im Gegenteil, es ist Natur.» Ich machte mich auf neuen Widerspruch und Streit gefasst..

Es interessierte mich außerordentlich, dass eine Frau aus meinem Innern sich in meine Gedanken einmischte ... Warum stellte man sie sich als weiblich vor? Später sah ich, dass es sich bei der weiblichen Figur in mir um eine typische oder archetypische Gestalt im Unbewussten des Mannes handelt, und ich bezeichnete sie als «Anima» ...

Zuerst war es der negative Aspekt der Anima, der mich beeindruckte. Ich empfand Scheu vor ihr wie vor einer unsichtbaren Präsenz ... Denn was sie sagt, ist oft von einer verführerischen Kraft und einer abgründigen Schlauheit ... Wären mir die Phantasien des Unbewussten als Kunst erschienen, so hätte ich sie mit meinem inneren Auge betrachtet oder einen Film abrollen sehen können. Es hätte ihnen nicht mehr Überzeugungskraft innegewohnt als irgendeiner Sinneswahrnehmung, und eine ethische Verpflichtung ihnen gegenüber wäre mir nicht erwachsen. Die Anima hätte auch mir einreden können, ich sei ein missverstandener Künstler, und mein soi-disant Künstlertum verleihe mir das Recht, die Realität zu vernachlässigen. Wäre ich aber ihrer Stimme gefolgt, so hätte sie mir höchst wahrscheinlich eines Tages gesagt: «Bildest du dir etwa ein, der Unsinn, den du betreibst, sei Kunst? Davon ist keine Rede.» Die Zweideutigkeit der Anima, Sprachrohr des Unbewussten, kann einen Mann in Grund und Boden vernichten.[39]

Jungs eindrückliche Schilderung zeigt nicht nur, wie die Anima das Bewusstsein des Mannes vergiften und ihn

[39] C. G. Jung, *Erinnerungen, Träume, Gedanken* (Rascher Verlag, Zürich und Stuttgart, 1963), S. 188-190.

seiner selber berauben kann, wenn er ihren Einflüsterungen folgt, sondern sie gibt uns auch einen Hinweis darauf, wie er der negativen Anima und ihrem destruktiven Einfluss entgehen kann: indem er sich die Anima bewusst macht. Wir werden später noch genauer darauf eingehen, was das bedeutet und wie Mann und Frau positiven Kontakt zu Anima und Animus aufnehmen können. Bis jetzt können wir feststellen, dass die negative Anima einer Hexe ähnelt, die den Mann zur Unbewusstheit verleiten und versteinern kann, indem sie seine kreativen Bestrebungen lähmt.

So wie die Anima Herrin der Launen des Mannes ist, ist der Animus Herr der Meinungen der Frau. Seine typische Ausdrucksweise zeigt sich in Urteilen, Verallgemeinerungen, kritischen Bemerkungen und apodiktischen Behauptungen, die nicht aus dem Gedanken- und Gefühlsprozess der Frau selbst stammen, sondern sich auf verschiedene Autoritäten abstützen wie Vater oder Mutter, Bücher oder Artikel, die Kirche oder eine andere kollektive Organisation. Der Animus steht hinter den autonomen, kritischen und eigenwilligen Gedanken, die in das Bewusstsein der Frau eindringen. Er stellt daher eine minderwertige männliche Logik dar, so wie die Anima eine minderwertige weibliche Emotionalität verkörpert.

In Träumen zeigt sich der negative Animus oft als eine Gruppe von Männern, selten als Einzelwesen. Stellen Sie sich einige ungebildete und uninformierte Männer vor, die um den Stammtisch sitzen und ihre Ansichten über Politik oder Religion zum besten geben: So ähnlich kann der Animus klingen. Identifiziert sich die Frau mit solchen Anschauungen - was auch der Fall ist, wenn sie den Animus nicht von ihrer eigenen Ego-Psychologie unterscheidet - sprechen wir von Animusbesessenheit.

Die Meinungen des Animus haben einen unangenehmen, sogar destruktiven Charakter und können auf andere Menschen oder direkt nach innen auf die Frau selbst projiziert werden. Im ersten Fall wird die Frau aufgrund ihrer plumpen Aburteilung von den Betroffenen abgelehnt; im zweiten Fall kann die Frau sich selbst nicht leiden, da die Urteile des Animus dahingehend wirken, ihr Selbstwertgefühl zu zerstören.

Der Animus kann daher die Frau ebenso ihrer Kreativität berauben, wie dies die Anima bei einem Mann erreichen kann. In dem Moment, in dem sich bei der Frau ein kreativer Gedanke oder ihr Eros und ihre Zärtlichkeit auf neue Weise regen, dringt der Animus mit Gedanken in ihr Bewusstsein ein, die sie davon abhalten können, ihre Erfüllung zu finden, indem er ihr einflüstert: «Das kannst du nicht.» Oder: «Andere Leute können das viel besser als du.» Oder: «Du hast gar nichts zu bieten.» Wenn die Frau sich mit diesen Gedanken identifiziert, d. h. sie irrtümlich für ihre eigenen Gedanken und für richtig hält, ist ihr die neue kreative Chance genommen.

Wir sehen also, dass die negativen Formen von Anima und Animus eine destruktive, verneinende Kraft verkörpern, was in der Mythologie schon lange bekannt ist. Im alten Babylonien glaubte man z. B., dass die Götter für jede Seele, die in diese Welt hineingeboren wurde, zwei Göttinnen und zwei Götter ernannten, deren Aufgabe es war, diese Seele durchs Leben zu begleiten. Ein Gott und eine Göttin waren dafür ausersehen, der Seele zu helfen und sie zu führen, während der andere Gott und die andere Göttin die Seele zu verneinen und zu zerstören hatten. In der jüdisch-christlichen Lehre ist dieser Widersacher oder Ankläger, der uns zu zerstören sucht, im Satan verkörpert. Tatsächlich bedeutet das griechische Wort für Teufel «Ankläger» oder «Widersacher». Das ist eine genaue psychologische Schilderung dessen, wie die Dinge sind. Es scheint eine böse Macht in uns zu geben, die uns zu verneinen und zu zerstören sucht, und der negative Animus bzw. die negative Anima, der Zauberer oder die Hexe in uns, scheinen Teil dieser Kraft zu sein. Die Ansichten des Animus haben deshalb eine eigenartig irritierende Wirkung auf andere Menschen, da sie, trotz scheinbarer Logik, nicht der tatsächlichen Situation entsprechen. Dem ist auch durch Vernunft nicht beizukommen, da der Animus eine absolutistische Haltung einnimmt und weder für Gespräche noch für Änderungen seines Standpunktes zugänglich ist. Sobald der Animus dominiert, entfernt sich die Frau von ihrem eigenen Denken und Fühlen und identifiziert sich mit banalen Feststellungen, vernichtenden Urteilen oder Verallgemeinerungen, und wenn sich diese von innen gegen die Frau selbst richten, ist es nicht verwunderlich, dass sie allmählich depressiv wird und ihrem Leben die Reichhaltigkeit fehlt.

Ein Gespräch, in das der Animus verwickelt ist, könnte so aussehen: Der Mann, der durch irgendeine Schwierigkeit entmutigt ist, drückt sein Gefühl von Niederlage und Verzweiflung aus, und die Frau antwortet in etwa: «Von Zeit zu Zeit verliert jeder einmal den Mut.» Diese scheinbar harmlose Bemerkung, die an sich ja wahr ist, blockiert den Mann vermutlich sofort, er kann sich nicht weiter ausdrücken und verspürt vielleicht sogar unbestimmbaren Zorn, wenn er auch nicht weiß, warum. Die Frau versucht ihrer Ansicht nach hilfreich zu sein, doch der Animus hat die Führung übernommen, und statt einer Aussage, die sich auf diesen einzelnen Mann bezieht, gibt er eine Verallgemeinerung von sich.

Würde der Mann seiner Frau auf diese Weise antworten, würde sie das zweifellos als moralisierend und männlich-überheblich empfinden. Sie fühlte sich durch seine vernichtende Verallgemeinerung wahrscheinlich abgewiesen, da dies sie und ihre Gefühle außer Acht zu lassen scheint. Männer neigen zu solchen Bemerkungen, und der Animus handelt auf gleiche Weise.

Ein Mann, der eine Beziehung wünscht, muss lernen, seine männlichen Urteile durch Eros zu mildern, was die Dinge immer persönlich und individuell gestaltet, so wie die Frau, die ihrem Erosprinzip treu bleibt, es nicht zulassen wird, dass der Animus und seine vernichtenden Urteile die Führung übernehmen.

Der Animus hindert andere oft daran, die warme, empfindsame Seite einer Frau aufzuspüren und zu erfahren, da sie durch den Animus und seine Meinungen nicht hindurch gelangen. Kinder, die eine solche Frau zur Mutter haben, fühlen sich der Zuneigung ihrer Mutter beraubt, da sie ständig auf den Animus treffen. Sie zeigt sich ihnen als harte, disziplinäre Person, und die kritische, urteilende Haltung des Animus verwehrt ihnen tatsächlich den Zugang zu ihrer Zärtlichkeit und Zuneigung. (Die Situation verschlimmert sich, wenn der Vater seine männlich-disziplinäre Rolle aufgegeben hat und die Mutter gezwungen ist, diese Rolle in der Familie zu übernehmen.) Das heißt nicht, dass die Mutter keine Wärme für ihre Kinder empfindet; diese Empfindungen sind vorhanden, doch die Kinder empfangen sie nicht, da sie vom Animus blockiert werden. Solche Frauen scheinen hart und stählern, und man hütet sich vor ihnen, da ihr Animus sehr verletzend sein kann. Seltsamerweise sind sie selbst aber in ihren Gefühlen leicht verletzbar, und wenn das einmal geschieht, sind sie sehr gekränkt und bestürzt und verstehen nicht, warum andere Menschen sie nicht lieben. Von der animusgeplagten Frau ist es nicht mehr weit bis zur Märtyrerin.

Emily Brontës tiefgründiger Roman *Wuthering Heights* ist voll von Schilderungen der Psychologie des Animus, wie Barbara Hannah in ihrem hervorragenden Buch *Striving Towards Wholeness* (Streben nach Ganzheit) gezeigt hat.[40] Hannah verweist auf eine Szene am Anfang des Romans, in der Mr. Lockwood in einem lebhaften Alptraum Reverend Jabes Branderham begegnet. Diese Szene ist eine gute Beschreibung dessen, was Jung einmal «das Wüten des Animus» nannte. Mr. Lockwood, ein ungebetener Gast im strengen Hause des düsteren Heathcliff, ist wegen eines heftigen Schneesturms gezwungen, die Nacht auf Wuthering Heights zu verbringen. Der Diener geleitet ihn in das unheimliche, dunkle Zimmer, das die schon verstorbene Cathy einst bewohnte, das aber seit Jahren unbenützt geblieben ist. Schließlich gelingt es ihm trotz der abschreckenden Umgebung einzuschlafen, doch mitten in der Nacht erwacht er durch einen schlimmen Alptraum. In diesem Traum erscheint eine Gestalt namens Reverend Jabes Branderham, ein Name, auf den Lockwood zufällig stieß, als er vor dem Einschlafen noch las. In diesem Traum sitzt Mr. Lockwood inmitten einer düsteren Gemeinde gefangen und hört, wie Reverend Jabes Branderham in einer

---

[40] Barbara Hannah, *Striving Towards Wholeness* (New York: G. P. Putnam's Sons, 1971), Kap. 10.

endlosen Predigt über die siebzig mal sieben Sünden spricht. In ermüdender Weise geht der Prediger jede einzelne der 490 Sünden durch. Jede seiner Ausführungen entspricht einer ganzen Predigt, und die Sünden sind «seltsamer Art, ungewöhnliche Vergehen», bemerkt Lockwood, «die ich mir vorher nie vorgestellt hatte».

«Oh, wie müde ich doch wurde! Wie ich mich wand und gähnte und einnickte und wieder aufwachte. Wie ich mich kniff und stach, meine Augen rieb, aufstand und mich wieder setzte.» Schließlich endigt Branderham mit der vierhundertneunzigsten Sünde, doch dann beginnt er mit der vierhunderteinundneunzigsten! Das ist zu viel für Mr. Lockwood. Er springt im Traum auf und protestiert: «Sir, ich habe die vierhundertneunzig Sünden ihrer Predigt ertragen und vergeben ... Die vierhunderteinundneunzigste ist zu viel!» Der nicht enden wollende Prediger ist nicht zu beirren. Er zeigt mit dem Finger auf Lockwood und ruft die Versammlung dazu auf, «das Urteil zu vollstrecken». Das führt zu einem Tumult, da alle sich auf Lockwood stürzen, er verteidigt sich, und schließlich kämpft jeder gegen jeden, und er erwacht.[41]

Wie Barbara Hannah feststellt, ist Reverend Jabes Branderham eine gelungene Darstellung der Fähigkeit des Animus, ununterbrochen alle Sünden aufzuzählen, die andere seiner Ansicht nach begangen haben. Der negative Animus ist in der Lage, die bemerkenswertesten Zwischenfälle aufzudecken, um sie seiner endlosen Liste von Sünden und Vergehen hinzuzufügen, und abgesehen von seiner Rolle als Ankläger ernennt er sich auch noch zum Richter. Er kennt keine Gnade in seinen Äußerungen, und die Zahl der Fehler, die er findet, ist unendlich. So

---

[41] Emily Brontë, *Wuthering Heights* (New York: Random House edition, 1943), S. 14.

verwundert es kaum, dass es ihm gelingt, uns Gefühle von Schuld, Niederlage und Minderwertigkeit einzuflößen.

Emily Brontës Schilderung der Wirkweise des Animus in der Gestalt von Reverend Jabes Branderham ist sehr hilfreich für uns, denn der Begriff Animus ist ein formeller Begriff, der zwar wissenschaftlich nützlich ist, doch nicht sehr gut ausdrückt, wie er tatsächlich erlebt wird. Wenn er in der Psyche der Frau am Werk ist, mag es treffender sein, ihn den «großen Ankläger», «Oberwachtmeister», den «großen Schiedsrichter» oder «inneren Richter» zu nennen, oder, wie eine Frau es einmal ausdrückte, den «Pflicht-Dämon».

Es gibt bestimmte Worte, die der Animus besonders liebt («sollte» ist vielleicht das wichtigste darunter), und bestimmte Bemerkungen, die er häufiger macht als andere, z. B.: «Du taugst überhaupt nichts ... Du machst alles falsch ... Andere Leute sind besser als du ... Du bist ein Versager ...» Die Unterscheidung des Animus fällt leichter, wenn die Frau diese autonomen Gedanken, die plötzlich in ihrem Geist auftauchen, erkennt und spürt, dass sie von einer Kraft aus ihrem Inneren stammen, und sich dann Zeit nimmt, diese zu hinterfragen. Vielfach hilft es auch, sie aufzuschreiben, so dass man sie objektiv betrachten und als das erkennen kann, was sie eigentlich sind. Die Frau kann sogar Anführungszeichen hinzusetzen, denn diese Gedanken wirken, als hätte jemand anderer sie in ihrem Geist gesprochen.

Der Animus kann die Frau auch mit einer seltsamen Art Logik versehen. Eine junge Frau, die eine Liebesbeziehung mit einem Piloten hatte, wurde eines Nachts von einem unangenehmen Traum aufgeschreckt, in dem ihr einziger Bruder Selbstmord beging. Folgender Gedankengang entwickelte sich dann in ihrem Geist: «Du siehst, wie sehr du deinen Bruder liebst, doch er könnte sterben. Wenn du deinen Bruder, deinen Vater und deine Mutter wirklich liebst, wirst du so oft wie möglich bei ihnen sein wollen, denn sie alle könnten sterben. Und wenn du deinen Partner wirklich liebst, wirst du so oft wie möglich bei ihm sein wollen. Du solltest also deine Arbeit aufgeben und mit ihm reisen, wohin er auch geht, und du solltest ihn auf möglichst vielen Flügen und Übernachtungen begleiten, denn das sollte man tun, wenn man jemanden wirklich liebt.» Glücklicherweise war diese «Logik» so ungeheuerlich, dass die Frau wusste, dass daran etwas falsch war. Sie drückte es so aus: «Würde ich das tun, wäre ich nicht mehr ich selbst.» Das Beispiel zeigt, wie der Animus sich in einem autonomen Gedankengang manifestiert, und eine Frau muss darauf bedacht sein, ihr Leben nicht davon bestimmen zu lassen.

Die Scheinlogik des Animus ist einer der Gründe, warum er andere Menschen so irritiert. Seine Urteile, Folgerungen und Kritiken sind besonders grob und beißend, da sie mit der emotionalen Realität der Situation nicht in Zusammenhang stehen. Der Animus neigt dazu, ein Schwert zu verwenden, wo eigentlich eine Lampe angebracht wäre.

Wenn der Animus eine Meinung äußert, geschieht dies mit dem Anschein größter Autorität. Es ist wie eine Verkündigung, und Verkündigungen sind natürlich unanfechtbar. Dieser Anflug von Autorität, so sagt Emma Jung in ihrer Monographie *Animus und Anima,* [42] wird durch unsere gegenwärtige Kultur verstärkt, die dazu neigt, alles Männliche zu überschätzen und alles Weibliche zu unterschätzen. Männliche Leistung, Macht, Kontrolle, Erfolg und Logik belohnt man in unserer Gesellschaft mit

[42] Emma Jung, *Animus and Anima* (Zürich, Spring Publications, 1974).

Ansehen, guten Schulnoten und großzügigen Gehältern. Das weibliche Prinzip, das eher durch Synthese verbindet, wird kulturell von Männern als auch von Frauen unterschätzt. Es scheint, als wüsste der Animus davon, und daher sind seine Äußerungen umso autoritärer, während die Frau dazu veranlasst wird, ihrer scheinbar minderwertigen, unbestimmbaren Intuition zu misstrauen, obwohl gerade diese eigentlich den Kern der Sache enthält. Das ist eine bedauerliche Situation, denn in unserer Welt wären nicht nur die Weisheit und der heilende Einfluss des Weiblichen mehr vonnöten, sondern auch die Frau wird immer mehr Opfer der Urteile des Animus, die ihre innerste, geistige Wahrheit zunichtemachen, wenn sie nicht in Frage gestellt werden.

Da Anima und Animus so irritierend wirken, ist es nicht verwunderlich, dass sie leicht in Konflikt geraten. Ein typischer Anima/Animus-Streit kann auf verschiedenste Weise beginnen. Der Mann kommt z. B. schlechtgelaunt nach Hause. Er ist von dieser Laune, sprich Anima, besessen und verströmt eine giftige, düstere Ausstrahlung. Würde er seiner Frau mitteilen, was ihn bedrückt, könnten die Dinge einen anderen Verlauf nehmen. Vermutlich wird er aber über seine Gemütsverfassung kein Wort verlieren und seiner Frau diese Laune einfach zumuten. In dieser Verfassung ist er natürlich beziehungslos, und seine Frau fühlt das sofort und kann den Bruch in der Verbindung nicht ertragen. Sie empfindet die Stimmung und das Gefühl der Isolation als immer unerträglicher und fragt sich auch, ob sie an irgendetwas Schuld trägt, denn ein Mann in den Klauen der Anima begegnet dem anderen mit einer Art unbestimmtem Vorwurf. Wenn die Frau nicht sehr achtsam ist, mischt sich an diesem Punkt ihr Animus ein. Auch ihm scheint die launische Anima des Mannes zu missfallen, und so ergreift er sein Schwert oder seinen Stock und nimmt die Dinge selbst in die Hand. Er macht eine spitze Bemerkung oder startet einen direkten Frontalangriff auf die unangenehme Launenhaftigkeit des Mannes.

Vom Angriff getroffen, geht die Anima des Mannes zur Vergeltung über. Wenn der Mann nicht rasch erkennt, was da vorgeht und nicht bewusst auf die Situation reagiert, wirft die Anima ihr Streichholz ins Benzinfass, und es kommt zu einem heftigen Gefühlsausbruch. Der Mann reagiert irrational und schlägt nun auf sarkastische, affektgeladene Weise zurück, vielleicht mit einem persönlichen Angriff auf den Charakter der Frau oder den ihrer Mutter oder was immer sich ihm gerade anbietet, um sich für die ihm zugefügte Wunde zu rächen. Der Animus antwortet ihm dann ebenso, und das Ergebnis ist eine wütende Auseinandersetzung. Es kommt dem Mann natürlich nicht in den Sinn, dass er von der Hexe in seinem Inneren besessen ist; im Gegenteil, er ist ziemlich überzeugt, dass seine Frau an allem schuld ist.

Vielleicht steht aber auch eine spitze Bemerkung oder irritierende Äußerung des Animus der Frau am Anfang. Der Mann ist sogleich davon getroffen, und wenn er nicht rasch bemerkt, was vorgeht, reagiert die Anima. Jung schrieb einmal: «... denn kein Mann kann sich mit einem Animus auch nur die kürzeste Zeit unterhalten, ohne sofort seiner Anima zu verfallen ... so zückt der Animus das Schwert seiner Macht, und die Anima spritzt das Gift ihrer Täuschung und Verführung.»[43]

An diesem Punkt kommt es wieder zur Projektion, doch nicht die positiven Anima/Animus-Bilder werden auf den menschlichen Partner projiziert, was ja Faszination und magische Anziehungskraft hervorruft, sondern die

[43] Jung *GW 9,* II, S. 24.

negativen Bilder, die in der Folge Mann und Frau entzweien. Der Mann projiziert seine innere Hexe auf die Frau und hält sie daher auch für seine schlechte Laune verantwortlich. Die Frau wiederum projiziert all die ungeheuerlichen Eigenschaften auf den Mann, die in Wirklichkeit zum Mann in ihrem Innern gehören.

Diese Anima/Animus-Gefechte haben ganz klar destruktive Wirkung. Während Mann und Frau ihren unproduktiven Streit austragen und sich die Atmosphäre mehr und mehr verschlechtert, bemerkt leider keiner von beiden, dass die Szene von den unsichtbaren Partnern beherrscht wird. Nicht John und Mary streiten, sondern die archetypischen Gestalten in ihnen. So wie Anima und Animus sich verlieben, so können sie auch streiten, und die Intensität der gegenseitigen Anziehung entspricht der Intensität der gegenseitigen Ablehnung.

Dieses destruktive Anima/Animus-Gefecht ist jedoch nicht mit einer echten Begegnung zwischen den tatsächlichen Partnern zu verwechseln. Wenn John und Mary einander konfrontieren, um ihren Zorn auszudrücken und Uneinigkeiten aufzuarbeiten, kann daraus Positives entstehen. Solche Begegnungen zwischen Mann und Frau sind psychologisch durchaus wertvoll und dürfen nicht vermieden werden, nur weil einer der Partner zu empfindlich ist, um sich in eine emotionell schwierige Situation zu begeben. Doch wenn John und Mary von Anima und Animus überschattet werden und diese beiden zu streiten beginnen, ist das Ergebnis höchst unerfreulich.

Seltsamerweise kann der Streit ja vermieden werden, wenn der Mann einfach sagt, was er fühlt, und die Frau ausdrückt, was sie beunruhigt. Drückt der Mann seine Verletztheit, seinen Zorn oder seine Bestürzung direkt aus, so ist er es, der spricht. Tut er es jedoch nicht, ergreift die

Anima von all dem Besitz und drückt seine emotionelle Reaktion für ihn aus, und zwar auf falsche, destruktive Weise. Sie übertreibt, wie Jung sagte. In ihren Händen wird eine eher geringfügige persönliche Beleidigung zu einem großen Vorwurf und eine Mücke zum Elefanten. Sie verfälscht. Sobald die persönliche Missachtung oder Verletzung in ihren Klauen ist, wird die tatsächliche Situation verzerrt. In der nachfolgenden Auseinandersetzung überlagert die Emotionalität der Anima das wirkliche Geschehen. Sie verstärkt, so dass die ursprüngliche Emotion des Mannes zum gewaltigen Affekt wird, die kleine Flamme zum großen Feuer. Und sie mythologisiert. Sind ihr die Dinge überlassen, wird eine gewöhnliche, menschliche Frau zur Göttin oder zur Hexe, und eine gewöhnliche, menschliche Situation erhält höchst dramatischen Charakter.

Gleiches gilt für die Frau: Wenn sie in einer persönlichen Beziehung von etwas beunruhigt ist und ausdrückt, was sie fühlt, ist sie es, die spricht. Versteckt sie aber ihre wahren Gefühle, packt der Animus Stock oder Schwert und versucht, die Dinge klarzustellen. Für die Beziehung ist das Ergebnis erschütternd, und gleichzeitig ist es auch eine Niederlage für das Ego der Frau, denn das Ego erfährt immer eine Niederlage, wenn es von Anima oder Animus besessen ist. Mit dem Stock in der Hand stürzt sich der Animus auf den Übeltäter und startet irgendeinen Direktangriff, der mit der tatsächlichen Beleidigung vielleicht in keinem ersichtlichem Zusammenhang steht. Mit seinem Schwert von Scheinlogik bringt er ein Argument vor, das mit der emotionellen Angelegenheit nur wenig oder gar nichts zu tun hat. Irritiert durch einen so irrationalen Angriff und empört über die anscheinende Ungerechtigkeit, ist es nur zu wahrscheinlich, dass der

Mann in diesem Moment der Anima in die Hände fällt, und dann geschehen böse Dinge.

Die Frau kann dies vermeiden, indem sie etwa sagt: «Du scheinst über irgendetwas verärgert zu sein, bist du böse auf mich?» Wenn er böse auf sie ist, kann er ihr das mitteilen, und so kann das Problem vermutlich gelöst werden. Wenn nicht, braucht die Frau sich nicht schuldig oder beunruhigt zu fühlen und kann es sich erlauben, den Mann in seiner Stimmung zu belassen, mit der er nun fertig werden muss, während sie sich um ihre Angelegenheiten kümmert. Es ist nicht ihre Aufgabe, ihn aus dieser Laune herauszuholen; diese Aufgabe muss jeder Mann selbst bewältigen. Natürlich kann es vorkommen, dass der Mann nicht ehrlich antwortet. Er brummt «nein», obwohl er eigentlich «ja» meint. Auch dann ist das beste, wenn die Frau seine Worte ernst nimmt und ihn im eigenen Saft schmoren lässt, indem sie sich sagt: «Gut, er sagt, ich sei an seiner schlechten Laune nicht schuld, also übernehme ich weder Verantwortung noch Schuld für das, was er fühlt.» Selbstverständlich gestaltet sich aber eine Beziehung äußerst schwierig, wenn die Partner im Gefühlsbereich ständig unehrlich zueinander sind.

Der Mann, der mit dem Animus der Frau konfrontiert ist, kann die Situation retten, indem er kühl bleibt und aus seiner männlichen Stärke heraus handelt. Wenn seine Männlichkeit stärker ist als die des Animus, kann er die Frau von der Besessenheit meist befreien; zumindest kann er verhindern, dass er seiner inneren Frau in die Fänge gerät. Es empfiehlt sich auch, dem wahren Problem auf den Grund zu gehen. «Was bedrückt dich eigentlich?» könnte der Mann fragen, wenn er bemerkt, dass er gerade vom Animus der Frau angegriffen wurde. Er wird oft feststellen, dass das, was sie wirklich bedrückt, nichts mit dem Thema zu tun hat, das der Animus vorgebracht hat. (Nicht sein Anzug, den sie heftig kritisiert, stört sie, sie ist vielmehr verletzt, weil er sie bei der Party gestern Abend ignorierte.)

In ihrem meisterhaften Buch *Das Weibliche im Märchen* betont Marie-Louise von Franz die Rolle, die verletzte Gefühle bei Animusangriffen spielen. Ist man verärgert oder von einer Laune besessen, rät sie: «Es kann sehr hilfreich sein, sich dann zu fragen, <wo war ich denn enttäuscht oder verletzt und habe dasselbe nicht wahrgenommen?> » Sie setzt fort:

> Wenn man zum Ursprung des unverarbeiteten Verletzt seins zurückfinden kann, schwindet die Animusbesessenheit. Dort hatte er zugepackt, und darum klingt in Zuständen von Animusbesessenheit immer im Unterton die Stimme einer vorwurfsvollen, beleidigten Frau an. Animusbesessenheit reizt die Männer bis aufs Blut. Was sie dabei an der Frau am meisten irritiert, ist eben jener Unterton von jammerndem Vorwurf. Männer, die etwas mehr Einblick haben, wissen zwar, dass 85 Prozent der animusbesessenen Frauen nach Geliebt werden rufen, aber leider bewirken sie gerade das Gegenteil: Sie verjagen das Ersehnte. Es ist ein Teufelskreis, und (darüber zu sprechen) führt zu typischen Liebes-Streit-Szenen, die auf der ganzen Welt sich immer wieder gleich wiederholen.[44]

Dem muss hinzugefügt werden, dass dasselbe auch für den Mann gilt. Er kann sich aus einer Missstimmung oft befreien, indem er sich fragt: «Wo ist etwas missglückt? Was lehnt meine innere Frau ab? Hat etwas, das getan oder gesagt wurde, meine Gefühle verletzt?» Die Animabesessenheit verschwindet, sobald wir die Ursache der Verletztheit finden und etwas dagegen unternehmen. In dieser Stimmung verbreiten Männer auch die Atmosphäre der «vorwurfsvollen, verletzten Frau», denn genau so kann

[44] *Von Franz,* Das Weibliche im Märchen. *S. 32.*

die Anima reagieren, und daher ist es für den Mann so wichtig, sich seiner Gefühle bewusst zu werden und entsprechend zu handeln.

Der Mann muss seine Angst vor einer Zurückweisung überwinden, denn, wie schon erwähnt, fürchten viele Männer den Zorn der Frau, da sie deren Ablehnung fürchten. In seinem Bemühen, das emotionelle Trauma der Ablehnung zu vermeiden, tut der Mann vielleicht genau das Falsche, versucht z. B. den Animus der Frau zu besänftigen oder gibt ihrem eher kindischen Widerstand nach, oder er bringt sie von ihren Einwänden ab. Wenn er so handelt, kann er der Sache nie auf den Grund gehen. Durch seine schwache und defensive Haltung erweist er der Frau keinen guten Dienst, denn was sie in diesem Moment braucht, sind seine Stärke und die Bereitschaft, dem Übel auf den Grund zu gehen.

Oft steht hinter der emotionellen Unsicherheit des Mannes sein innerer kleiner Junge, der die Ablehnung der Mutter fürchtet und es nicht erträgt, ignoriert zu werden. Es können auch tief verwurzelte Erinnerungen an eine Mutter mitspielen, die ihn durch Ablehnung zu kontrollieren versuchte, indem sie sinngemäß sagte: «Wenn du nicht tust, was ich will, werde ich dich kühl behandeln und dich ausschließen, und das wirst du nicht ertragen können.» Er erinnert sich vielleicht auch daran, dass seine Mutter Schuldgefühle als Kontrollmechanismus oder Strafe einsetzte: «Du bist ein böser Junge, du hast Mama böse gemacht, und jetzt sperre ich dich in dein Zimmer.» Diese Erinnerung kann bei der ängstlichen Reaktion des Mannes gegenüber seiner Frau unbemerkt beteiligt sein, denn Frauen zeigen Männern gegenüber oft ein Verhalten, das Schuldgefühle hervorruft und daher sowohl gefürchtet als auch gehasst wird, und aus purer Unfähigkeit, diesem

Schuldgefühl zu begegnen, räumen viele Männer angesichts einer wütenden Frau das Feld, oder sie finden einen Weg, sie zu unterdrücken, damit sie obenauf bleiben können. Indem der Mann eine Beziehung zur Frau aufzubauen versucht, lernt er auch gezwungenermaßen, mit dem kleinen Jungen in sich zurechtzukommen.

Beziehungsfähigkeit geht mit der Bereitschaft einher, auch in sich selbst vieles aufzuarbeiten und zu verstehen, wie wichtig Partnerschaft für eine Beziehung ist. Wie Jung einmal sagte: «Man ist sich über die eigene Persönlichkeit nie wirklich im klaren. Man benötigt andere, um sich selbst kennenzulernen.»[45] Eine Vorsichtsmaßregel: Wenn Partner ihre Beziehung diskutieren, sollten sie dies in ihrer Alltagssprache tun und Begriffe wie Anima/Animus oder andere psychologische Definitionen zu diesem Bereich vermeiden; die Psychologensprache wirkt in einer Beziehung unnatürlich und führt leicht zu einer Entpersönlichung. Um Anima und Animus zu wissen, ist deshalb wertvoll, weil wir persönlich dadurch erkennen, was vorgeht, und unser erhöhtes Bewusstsein hilft uns, an der Beziehung zu arbeiten, während die Verwendung des Psychologen-Jargons eher destruktiv wirkt. Wenn eine Frau also fühlt, dass ihr Mann schlecht gelaunt ist, sagt sie besser: «Du siehst verärgert aus, was bedrückt dich?» statt: «Deine Anima hat dich wohl gepackt!» Und der Mann, der sich vom Animus angegriffen glaubt, sagt z. B.: «Ich habe das Gefühl, du bist aus irgendeinem Grund böse auf mich!» und nicht: «Das ist wieder dein Animus!».

Eine letzte Erläuterung dazu, wie Anima und Animus sich negativ auf unser Leben auswirken können, betrifft ihren Einfluss auf die Wahl unserer Ehepartner. Da diese Gestalten sich so leicht auf Vertreter des Gegengeschlechts

---

[45] Jung Speaking, *S. 165.*

projizieren und uns oft in dem Ausmaß besitzen, dass wir uns ihrer nicht bewusst sind, haben sie häufig entscheidenden Einfluss darauf, welche Art Mann oder Frau wir als Ehepartner wählen. Ein animabesessener Mann mit schwachem Ego und starker, hexenähnlicher Animafigur wird höchstwahrscheinlich unbewusst eine dominierende, animusbeherrschte Frau wählen. Damit lebt er seine innere Situation in der äußeren Beziehung aus. Umgekehrt verbindet sich eine Frau, die von innen durch den negativen, vernichtenden Animus beherrscht ist, vermutlich mit einem Mann, der diesen negativen Animus für sie verkörpert, indem er alles an ihr schlechtmacht, negiert und kritisiert. Das erklärt einige der ungleichen Verbindungen, die geschlossen werden, und es zeigt auch, dass wir wirklich keine freie Wahl haben, wenn wir nicht psychologisch bewusste Persönlichkeiten sind.

In einem seiner Briefe beschreibt Jung einen interessanten Fall, der das veranschaulicht. Ein Mann, der schriftstellerisch begabt war, das aber nicht einsetzte, war dreimal verheiratet: Seine erste Frau war Pianistin, die ihn nach siebzehnjähriger Ehe verließ; die zweite war Künstlerin, deren Tod zweiundzwanzig Jahre «idyllischer» Ehe beendete; die dritte war Schauspielerin. Nach dem Tod der zweiten Frau erlebte er zwei- oder dreimal die Woche seltsame Phänomene, wie Schritte und Klopfen im Schlafzimmer. In seinem Brief erklärt Jung dem Mann, dass die Wahl seiner Frauen durch die Anima beeinflusst war. Der Mann war kreativ veranlagt, hatte jedoch nicht das nötige Talent, um dies entsprechend umzusetzen, also lebte er seine eigene kreative Seite nicht, sondern projizierte sie auf die kreativen Frauen, die er heiratete. Dadurch fehlte ihm ein Teil seines eigenen Lebens, und seine ungenutzte Kreativität steckte hinter den seltsamen psychologischen Phänomenen. Jung schrieb: «In der Praxis bedeutet das, die Frau Ihrer Wahl stellt Ihre eigene Aufgabe dar, die Sie nicht verstanden haben.» [46] Dasselbe könnte man über die Partnerwahl jedes Mannes oder jeder Frau sagen, denn in irgendeiner Form stellt der Partner etwas dar, was wir über uns selbst erfahren müssen.

Natürlich ist das nur eine Beziehungsebene; Beziehung hat viele Bedeutungen und viele Ebenen. Ich möchte nur betonen, dass die unsichtbaren Partner unserer eigenen Partnerwahl oft eine unbemerkte Ebene oder Dimension hinzufügen.

Ich habe bis jetzt über die negativen Seiten von Anima und Animus gesprochen. Es ist immer besser, die schlechten Nachrichten zuerst zu erfahren; zudem ist es so, dass wir meist die negative Seite zuerst erleben. Doch Anima und Animus haben auch einen positiven Aspekt, und wenn sie den richtigen Platz eingenommen haben, können sie tatsächlich sehr segensreich für uns sein. Das wird uns aber erst klar, wenn wir ihre negativen Auswirkungen überwinden können. Im nächsten Kapitel werde ich einige Anregungen vermitteln, wie uns das gelingen kann, und anschließend folgt eine Beschreibung der positiven Natur dieser Gestalten.

---

[46] C. G. Jung, *Briefe* 1956-1961 (Walter Verlag, Olten).

# Kapitel 3

In Goethes berühmtem Drama *Faust* wird Mephisto gefragt, wer er sei, worauf der Teufel antwortet: «Ein Teil von jener Kraft, die stets das Böse will und stets das Gute schafft.»[47] Die Macht des Bösen kann also in ihrem Streben nach Zerstörung tatsächlich Gutes hervorbringen.

Anima und Animus haben eine dunkle Seite und können Menschen, die von ihrem dunklen Wüten und ihren negativen Gedanken besessen sind, vernichten. Doch noch in dieser Dunkelheit verbirgt sich das Potential für das Lichte.

Robert Johnson gibt uns ein gutes Beispiel dafür in seinem ausgezeichneten Buch *He!* (<Er!>), einer psychologischen Studie über die Bedeutung der Gralslegende. Es scheint, dass Parzival, der Held der Geschichte, in seiner ritterlichen Welt den Gipfel des Erfolges erreicht hat. Er hat mehr Ritter besiegt als irgendjemand anders, mehr große Taten vollbracht und

[47] Goethes *Faust* (Reclam Ausgabe, Universalbibliothek Nr. 1/1a, 1974), S. 40, Vers 1335.

mehr Ruhm als alle anderen erlangt. Also wird ihm zu Ehren ein Festmahl abgehalten, und er und all die anderen Ritter der Tafelrunde beglückwünschen sich selbst dazu, was für großartige Kerle sie doch sind, als eine grauenerregende Frau hereintritt, die so abscheulich ist, dass sie die «hässliche Jungfer» genannt wird. «Ihr schwarzes Haar war in zwei Zöpfe geflochten, Hände und Nägel waren dunkel wie Eisen. Ihre schmalen Augen klein wie die einer Ratte. Die Nase von Affe und Katze. Die Lippen von Esel und Stier. Bärtig war sie, mit eingesunkener Brust, der Rücken krumm, Lenden und Schultern gewunden wie die Wurzeln eines Baumes. Nie zuvor an einem königlichen Hof ward eine solche Jungfer gesehen.» [48] So beschreibt die Legende diese furchterregende weibliche Erscheinung. Allein ihr Anblick legt Düsternis über die ritterliche Gesellschaft. Alle verstummen in ihrem Eigenlob und halten mit dem Schmausen inne, und dann beginnt die hässliche Jungfer Parzivals Sünden aufzuzählen. Sie nennt all die Vergehen in seinem Leben, die jungen Frauen, die er weinend zurückließ, die Kinder, die durch ihn zu Waisen wurden, und zum Schluss sagt sie: «Es ist alles deine Schuld.»[49] Die hässliche Jungfer ist nichts anderes als eine Verkörperung der Anima. Erfahren wird sie als eine bedrückende Stimmung, eine ahnungsvolle Depression, ein großes Unbehagen, das den Mann gerade dann überkommen kann, wenn er am Höhepunkt seiner männlichen Karriere in dieser Welt steht. Wie Johnson aufzeigt, ist die hässliche Jungfer die Verkörperung jener Depression, die beim Mann mittleren Alters dann auftritt, wenn er seine größte Kraft

---

[48] Robert Johnson, *HE!* (King of Prussia, Pa.: Religious Publishing Company, 1974), S. 74.
[49] Ibid., S. 75.

und seine größten Erfolge erreicht hat. Sie verkörpert die Anima, die «völlig verbittert und finster geworden ist». Sie ist das lebende Bild der Unfähigkeit des Mannes, sich mit der anderen Seite in seinem Leben, d. h. mit der weiblichen, spirituellen Seele, auseinanderzusetzen. In direktem Verhältnis zum äußeren Erfolg des Mannes ist sie finster und monströs, eine innere Verneinung der Seele.

Bei oberflächlicher Betrachtung erweckt die hässliche Jungfer den Eindruck, als käme sie geradewegs aus der Hölle, und sie kann auch wirklich eine teuflische Kraft im Mann sein, die ihn in Depression, Trunksucht, Krankheit und Selbstmord treibt. Doch merkwürdigerweise hat sie in der Legende von Parzival einen höchst heilsamen Effekt, denn sie bewirkt, dass Parzival, der dazu bestimmt ist, den heiligen Gral - Symbol der Ganzheit und Vervollkommnung - zu finden, seine spirituelle Reise wieder aufnimmt, die er zuvor in seinem männlichen Drang nach Abenteuer, Eroberungen und weltlichem Erfolg aufgegeben hatte.

Wenn die hässliche Jungfer in der Psyche des Mannes auftaucht, so Robert Johnson, ist es wichtig für den Mann, entsprechend auf sie zu reagieren. Geschieht das, wird sie zu jenem Instrument, das ihn wieder auf den rechten Weg führt; reagiert er falsch, wird sie zum Instrument seiner Zerstörung. Es wäre sinnlos, ihr ausweichen zu wollen, d. h. durch einen von unzähligen Tricks dem Sinn der Depression auszuweichen, so z. B. noch mehr nach außen gerichtete Aktivitäten und Pläne, um äußeren Erfolg zu erringen, Alkohol, Drogen, ein Liebesabenteuer nach dem andern. Viele Männer gehen auf diese für sie typische Weise vor, um der hässlichen Jungfer auszuweichen und ihr Leben so weiterzuleben wie bisher. Damit häufen sie aber nur psychologische Sünde auf psychologische Sünde, wodurch sich die Anima immer mehr gegen sie wendet. Doch wenn der Mann diese düstere Stimmung als Aufruf, seine Seele zu finden, akzeptiert und sich auf den Weg begibt mit dem Ziel, ein ganzer Mensch zu werden, verändert sich die Anima und wird seine Verbündete.

Etwas ganz Ähnliches geht bei den Frauen vor, wenn sie die mysteriösen und schwierigen mittleren Jahre erreichen. An diesem Punkt ihres Lebens hat die Frau vielleicht ihre früher gesteckten weiblichen Ziele schon erreicht; sie hat Mann, Heim und ihre Kinder, die bereits oder fast erwachsen sind. Doch anstelle von Zufriedenheit fühlt sie sich unerfüllt und deprimiert. Das Problem liegt beim Animus, der jetzt wie ein Teufel wütet und ihr erklärt, alles, was sie in ihrem Leben bisher geleistet habe, sei null und nichtig, oder andere Menschen mit banalen Verallgemeinerungen zu Tode langweilt, wenn er direkt durch sie spricht. Will sie nicht unter die Herrschaft dieses Teufels fallen, muss sie die Reise für ihr spirituelles Leben und ihre Entwicklung auf sich nehmen. Sie hat keine Wahl: Entweder wächst sie auf neue Weise in die Welt von Logos, Geist und Verstand hinein, oder sie fällt immer mehr unter die Herrschaft einer Animusgestalt, die griesgrämig und grausam geworden ist.

So scheint gerade die dunkle Seite von Anima und Animus uns wieder auf den Weg zur Ganzheit zu führen. Je länger wir uns vor ihr verschließen, desto ausgeprägter wird ihre negative Wirkung. Wir helfen uns selbst am meisten, indem wir uns Anima und Animus zuwenden und eine neue psychologische Entwicklung auf uns nehmen, die diese Aspekte mit einschließt. Der Mann lernt die Welt des Herzens und der Beziehungen, die Seele und die Suche nach dem Sinn von neuem zu schätzen. Für die Frau mag das eine erneute Reise in die Welt des Geistes und des

Verstehens sein, und ein neuer Weg, mit der Welt außerhalb der Familie in Verbindung zu treten. Somit scheinen sogar die dunklen Seiten der unsichtbaren Partner den Zielen dieses Lebens zu dienen. Natürlich ist der Einsatz hoch. Sie zu ignorieren oder nicht zu verstehen, was von uns gefordert wird, hat unerwünschte Folgen. Die Realität dieser inneren Gestalten zu erkennen und in die Richtung zu gehen, in die sie uns weisen, heißt jedoch, auf dem Weg zu einer neuen Entwicklung zu sein.

Der erste Schritt, um sich von den negativen Auswirkungen dieser Gestalten zu befreien, besteht darin, das Problem zu erkennen. Für den Mann gilt es also einzusehen, dass diese düstere, weibliche Gestalt die Ursache seiner Launen, zwanghaften sexuellen Phantasien und seiner unstillbaren Rastlosigkeit ist. Die Frau muss erkennen, dass hinter den Meinungen und der destruktiven Kritik, die plötzlich in ihrem Bewusstsein auftauchen, die innere Gestalt des Animus steht. Das bedeutet für Mann und Frau, die Projektionen dieser Gestalten vom realen Menschen zu lösen.

Projektionen werden integriert, indem man sie bewusst macht. Wie wir bereits festgestellt haben, können wir nicht verhindern, dass Projektionen auftreten; sie erfolgen spontan und unterliegen nicht unserer bewussten Kontrolle. Doch wir können lernen, wie man den Vorgang der Projektion erkennt. Wenn ein Mann oder eine Frau uns faszinieren, können wir sicher sein, dass ein projizierter Inhalt aus dem Unbewussten am Werk ist. In ihrer nur zu menschlichen Realität sind Menschen nicht faszinierend; es sind die archetypischen Gestalten des Unbewussten, die Faszination ausüben. Faszinierende Projektionen bei ihrem Auftreten zu erkennen, gibt uns die Möglichkeit, uns der Anima/Animus-Gestalt, die dahintersteht, bewusst zu werden.

Tatsächlich mag es genau das sein, was Anima oder Animus erreichen wollen. Sie scheinen sich selbst außerhalb von uns auf geeignete Menschen zu projizieren, da sie erkannt werden wollen, und das ist der einzige Weg, auf dem sie uns erreichen können. Die häufigste Methode der Anima, die Aufmerksamkeit des Mannes zu erregen, besteht darin, seinen Geist mit ausgeprägten sexuell-erotischen Phantasien zu erfüllen, und gleichermaßen findet sich hinter den sexuell-erotischen Phantasien der Frau oft der Animus. Es scheint, als versuchten diese inneren Gestalten auf diese Weise unsere Aufmerksamkeit zu erwecken.

Sobald Anima und Animus bewusst sind, beginnt die große Arbeit der Differenzierung der Persönlichkeit. So lernt z. B. der Mann, seine Launen von seinen Gefühlen zu trennen. Die Launen stammen von der Anima, während die Gefühle die seinen sind. Wenn der Mann seine Gefühle in einer Beziehung ausdrückt, wird er nicht einfach von Launen befallen. Um sich aus den Klauen seiner Anima zu befreien, muss er also lernen, eine Nähe zu seinen Gefühlen herzustellen und sie in einer menschlichen Beziehung auszudrücken, wenn die Situation es erfordert. Dabei löst er sich von der Mutter und entwickelt seinen Eros. Und wir treffen wieder auf diesen seltsamen Umstand: Die Anima, die so negativ wirken kann, erleichtert die psychologische Entwicklung eines Mannes, wenn er sie mit einbezieht; aufgrund der Anima ist er gezwungen, sich seiner affektiven Seite bewusst zu werden.

Dasselbe gilt für den Animus. Um den ablehnenden Urteilen des Animus entgegenzutreten, muss die Frau herausfinden und abschätzen, was ihr wirklich wichtig ist. Wenn der Animus behauptet, dies oder jenes sei wertlos, muss die Frau diese Gedanken erfassen und hinterfragen. Sie muss ihren eigenen Boden finden, auf dem sie fest steht, um ihre weiblichen Gefühle und ihren Eros zu achten und dem Animus zu verbieten, durch seine vernichtenden Urteile sie ihres Selbstwertgefühls zu berauben. Gelingt ihr das, entdeckt sie vielleicht zum ersten Mal, was ihr wirklich wichtig ist.

Wie wir gesehen haben, ähnelt der Animus einem mittelmäßigen, schlecht informierten Mann, der von Vorurteilen geprägt ist; seine vernichtende Kritik und die banalen Ansichten beruhen auf Unwissenheit. Also muss sich die Frau mit ihrem Animus befassen und ihm erklären: «So ist es, und das ist mir wichtig. Du wirst mir nicht ständig das Gegenteil einzureden versuchen.» Das gelingt ihr selbstverständlich erst, wenn sie herausgefunden hat, was ihr wichtig ist. So kann der Animus auf positive Weise der Frau dazu verhelfen, sich ihrer wahren Werte bewusst zu werden.

Sie muss aber auch herausfinden, was ihm wichtig ist. Anima und Animus leben durch uns, und das Leben, das wir führen, muss diesen archetypischen Gestalten und ihrer Lebensenergie Raum bieten. Für den Mann bedeutet das: Sein Leben muss Wärme, sinnvolle menschliche Beziehung und «Herz» beinhalten, denn die Anima und das Weibliche stehen immer auf Seiten des Herzens in einem Mann. Die Frau wiederum muss im Bereich von Geist und Verstand sowie ihren Zielen und Bestrebungen eine gewisse Erfüllung finden.

Wenn wir mit Anima und Animus sprechen, müssen wir sie als die eigenständigen psychischen Realitäten betrachten, die sie tatsächlich sind. Dabei gilt es, den von C. G. Jung so genannten «Monotheismus des Bewusstseins» zu überwinden und einzusehen, dass unsere

Persönlichkeit nicht nur aus einem Bewusstsein besteht, sondern auch aus einer Vielzahl kleinerer Persönlichkeiten oder Teilpersönlichkeiten. In diesem Zusammenhang herrscht heute große Unwissenheit, denn wir beharren auf dem Glauben, nur das Ego und seine Welt existiere, obschon wir immer wieder feststellen, dass der Mensch nur zu leicht von irgendetwas beherrscht wird. Jung schrieb: «... in unserer Zeit herrschen Unkenntnis der unbewussten Psyche und ausschließlicher Bewusstseinskult. Unsere wahre Religion ist ein Monotheismus des Bewusstseins, ... mit fanatischer Leugnung der Existenz von autonomen Teilsystemen. »[50]

Da die Psyche aus diesen autonomen Teilpersönlichkeiten besteht, ist es möglich, mit sich selbst zu sprechen. Es ist nicht ein Anzeichen für Verrücktheit, im Gegenteil: Je mehr ein Mensch eine bewusste Beziehung mit den verschiedenen Teilen seiner selbst eingeht, um so mehr fordert er die Synthese und Harmonisierung der Persönlichkeit von innen heraus. Der Mann, der mit seiner Anima sprechen möchte, könnte damit beginnen, dass er sich an eine Laune wendet, die sich seiner bemächtigt hat und aus der er sich nicht befreien kann, indem er sie in seiner Vorstellung personifiziert und mit ihr spricht. Das ist nicht schwierig, denn die meisten psychischen Inhalte, besonders Anima und Animus, erscheinen in unseren Träumen und Phantasien in personifizierter Form. Was möchten Sie gerne einer Laune sagen, die sie erfasst hat und nicht mehr verschwindet? Gleichgültig, was es ist, schreiben Sie es auf, so als würden Sie einer echten Person schreiben. Stellen Sie sich nun vor, was die personifizierte Stimmung Ihnen antwortet. Die Antwort ist das, was Ihnen

---

[50] *Jung,* Das Geheimnis der goldenen Blüte, *S. 36.*

gerade einfällt. Lassen Sie sich dabei nicht von der Frage abhalten, ob das «legitim» sei oder nicht, schreiben Sie einfach auf, was Ihnen diese «Person» sagt. Das erfordert vielleicht wieder eine Reaktion Ihrerseits, worauf die personifizierte Laune erneut antwortet, und so ergibt sich ein Dialog. Es ist deshalb wertvoll, den Dialog aufzuschreiben, da er dadurch realer wird. Man kann sich auf diese Aufzeichnung der Unterhaltung später beziehen, und die Hand des Ego im Umgang mit dem mächtigen weiblichen Numen wird gestärkt.[51]

In der Praxis ist eine Animalaune meist rasch bereit, auf ein Gespräch einzugehen. Sie ähnelt einer Frau, die positiv reagiert, wenn ihr Mann hinsichtlich der Beziehung etwas unternimmt, aber düster und unangenehm wird, wenn man sie ignoriert. Es ist charakteristisch für das Weibliche, Aufmerksamkeit zu fordern und Nichtbeachtung zu verübeln. Man begreift nun auch, dass die ungewöhnlichen und gefährlichen Machenschaften der Anima von Anbeginn an ausschließlich dem Zweck dienen, die Aufmerksamkeit des Mannes zu erregen und ihn zu zwingen, sich mit ihr als seiner inneren Frau oder Seele zu verbinden. Geschieht das, lassen die negativen Wirkungen der Anima nach, und allmählich manifestiert sich ihr positiver Aspekt.

Es ist genauso natürlich, mit dem Animus zu sprechen wie mit der Anima. Der Animus ist eher gesprächig, und gewöhnlich erscheint er zuerst als autonome Gedanken, die im Geist der Frau auftauchen. Sobald die Frau erkennt, dass diese Gedanken aus dem Animus und nicht aus ihrem Ego kommen, beginnt sie die wichtige Unterscheidung

---

[51] Diese Technik, einen Dialog mit Anima oder Animus zu führen, ist Teil dessen, was C. G. Jung «aktive Imagination» nannte. Jung hat diese Methode, sich mit dem Unbewussten zu verbinden, an mehreren Stellen beschrieben. Siehe auch Anhang über aktive Imagination.

zwischen ihr selbst und dem männlichen Faktor in ihr zu treffen. Es fällt dies vielleicht leichter, wenn sie genau darauf achtet, welche Dinge der Animus sagt. Meist sind diese durch «sollte» und «müsste» charakterisiert, oder es handelt sich um Urteile irgendwelcher Art. Wie in Kapitel zwei vorgeschlagen, ist es oft hilfreich, diese Gedanken aufzuschreiben und mit Anführungszeichen zu versehen, um zu betonen, dass sie nicht das eigene Denken der Frau, sondern die Meinungen des Animus darstellen. Dann ist es nur noch ein einfacher Schritt, der Stimme des Animus zu antworten: Sie kann seine Ansichten hinterfragen, Widerspruch anmelden und ihn über ihre wahren Gefühle und die tatsächliche Lage unterrichten. Den Dialog schriftlich festzuhalten stärkt das Ego der Frau, denn Bleistift oder Feder zur Hand zu nehmen ist Aufgabe des Ego. Sobald dieser Dialog in Gang ist, kann der Animus der Frau mitteilen, was *er* wirklich vom Leben will. Damit ist die Chance gegeben, dass sich eine positive Beziehung zwischen Frau und Animus entwickeln kann.

Will man mit Anima oder Animus zurechtkommen, lautet das Schlüsselwort «Beziehung». Anima und Animus sind archetypische Gestalten, was bedeutet, dass sie in unserem Leben nicht einfach kommen und gehen, sondern als ständige Partner agieren, mit denen wir eine Art Beziehung herstellen müssen, gleichgültig, wie schwer uns das fallen mag. Beziehung gibt der Sache ein anderes Gesicht. Wenn eine Gestalt des Unbewussten verneint, abgelehnt oder ignoriert wird, wendet sie sich gegen uns und zeigt ihre negative Seite; wird sie aber akzeptiert, verstanden und geht man eine Verbindung mit ihr ein, kehrt sie ihre positive Seite hervor.

Doch gleichermaßen wie der Mann lernt mit der Anima zu sprechen und die Frau mit dem Animus, müssen Männer und Frauen lernen, miteinander in Dialog zu treten. Es sollte nun klar ersichtlich sein, dass einerseits die Beziehung zu einem Vertreter des andern Geschlechts sehr wertvoll ist, um das Anima/Animus- Problem aufzuarbeiten, andererseits aber eine gute Verbindung zu Anima oder Animus in uns ebenso hilfreich ist, um unsere menschlichen Beziehungen aufzubauen. So wie ein Dialog mit Anima oder Animus uns zur Unterscheidung verhilft, was zum Ego und was zu den Gestalten des Unbewussten gehört, so kann uns auch ein Gespräch mit dem Mann oder der Frau in unserem Leben dabei helfen, unsere Unterschiede zu verstehen und die wahre Persönlichkeit des anderen zu erkennen und zu schätzen. Nur so können zwei menschliche Wesen ihre eigene Realität und die der anderen Person sehen. Dieser Dialog, der darin besteht, die eigenen Gedanken und Gefühle auszudrücken und dann genau auf das zu hören, was der andere sagt, fällt wesentlich leichter, wenn Anima und Animus nicht beteiligt sind. Wenn unsere unsichtbaren Partner in den Bereich der Beziehung eindringen, wird die Atmosphäre durch Launen, Affekte, Meinungen und Urteile überschattet, was zu Verzerrungen, gegenseitigen Beschuldigungen und zu jener Art Anima/Animus-Streit führt, die schon beschrieben wurde.

Der Mann, der eine Annäherung an seine weibliche Seite sucht, muss gleichzeitig auch die Persönlichkeit der realen Frau in seinem Leben begreifen, und die Frau muss ihren Mann mit seinen Gedanken und Gefühlen verstehen. Männer und Frauen denken und fühlen verschiedenartig; ihre geistigen Prozesse sind nicht die gleichen, und eine Beziehung zwischen den Geschlechtern erfordert, dass wir die trennenden Unterschiede verstehen. Das erst bringt positive Ergebnisse, so z. B. eine Entfaltung unseres

Bewusstseins. Sobald der Mann einen Aspekt seiner Frau versteht, erweitert sich sein männliches Bewusstsein, und seine Persönlichkeit erfährt eine Bereicherung. Diese Erweiterung unseres Bewusstseins wiegt die negativen Aspekte von Anima und Animus auf und stellt unsere inneren Partner an den richtigen Platz, der, wie Jung wiederholt bemerkt, in uns und nicht außerhalb von uns ist.

Dies führt uns zu einer weiteren Definition Jungs von Anima und Animus: Sie verkörpern das kollektive Unbewusste, und daher besteht ihre wahre psychologische Aufgabe darin, Funktion der Beziehung zwischen Ego und kollektivem Unbewussten zu sein, um sozusagen zwischen der Welt des Bewusstseins und der Welt der inneren Bilder eine Brücke zu bilden.

Das ist Jungs häufigste Definition von Anima und Animus. In einer seiner frühesten Studien sagt er, die Funktion des Animus sei es (und dasselbe gilt für die Anima), «die Beziehung zum Unbewussten zu ermöglichen». [52] In seinem Kommentar zum alten chinesischen Buch *Das Geheimnis der goldenen Blüte* schreibt er: «Ich habe die Anima auch als Personifikation des Unbewussten überhaupt definiert und sie darum auch als eine Brücke zum Unbewussten, als die Funktion der Beziehung zum Unbewussten aufgefasst.»[53] Sie taucht auch in *Der Mensch und seine Symbole* auf, wo Jungs Kollegin und Schülerin Marie-Louise von Franz folgendes feststellt: «Die Anima verkörpert alle weiblichen Seeleneigenschaften im Manne, Stimmungen und Gefühle, ... und ... die Beziehung zum Unbewussten.»[54]

Praktisch bedeutet das: Beachtet der Mann genau, was

---

[52] Jung, *GW 7,* S.229.

[53] *Jung,* Das Geheimnis der goldenen Blüte, *S. 45.*

[54] *Jung,* Der Mensch und seine Symbole, *S. 177.*

hinter seinen Launen, Affekten, Phantasien und Emotionen steht, hinter diesen spontanen psychischen Ereignissen, die den Hintergrund seines Bewusstseins bilden, der ihm durch die Anima nähergebracht wird, findet er schließlich heraus, was in seiner unbewussten Persönlichkeit vorgeht. Es scheint, als werde die Anima von allem angesteckt, was in das Bewusstsein des Mannes vordringen will. Kann der Mann folglich die Anima als innere Gestalt annehmen, gelangt er zu den archetypischen Bildern, welche die Basis seiner Persönlichkeit bilden. Der moderne Mensch hat große Mühe, das zu verstehen, da er die Realität der inneren Welt nicht ernst nimmt; ja die meisten ahnen nicht einmal, dass es eine innere Welt gibt. Da wir die innere Welt nicht einmal andeutungsweise kennen, erscheinen uns die stark personifizierten Gestalten von Anima und Animus außerhalb von uns, wo sie durch Projektion Beziehungen komplizieren, Illusionen schaffen und eine Fehlfunktion übernehmen, indem sie Launen verursachen und Meinungen hervorbringen.

Wenn ein Teil eines Organismus seiner Arbeit nicht richtig nachkommt und statt dessen eine Rolle beansprucht, die ihm nicht zusteht, verschlechtert sich der Gesamtzustand. Der Intellekt wird z. B. dann schädlich, wenn er nicht mehr der ganzen Person dient, indem er seine spezielle Funktion der Unterscheidung ausführt, sondern die Gesamtheit der Persönlichkeit beansprucht, vorherrschend wird und andere Aspekte ausschließt. Und auch Anima und Animus werden von diesem Übel nicht verschont, wenn sie nicht am richtigen Platz sind. Jung schrieb darüber: «Der Grund für die Perversion ist natürlich die mangelhafte oder gar fehlende Anerkennung einer der Außenwelt autonom gegenüberstehenden Innenwelt, welche ebenso wichtige Forderungen in puncto

Anpassung stellt wie die Außenwelt.»[55]

Es bedarf daher auch einer beträchtlichen, bewussten Anstrengung, um die Realität von Anima und Animus wahrzunehmen, weshalb Jung die Begegnung mit Anima oder Animus das «Meisterstück» der Individuation nannte.[56] Zuerst müssen wir unsere Neigung überwinden, uns selbst als ausschließlich männlich oder weiblich zu sehen, was allein schon für viele eine Revolution im Denken darstellt. Doch dann müssen wir weitergehen und erkennen, dass unser bewusstes Leben auf dem weiten Ozean einer inneren Welt ruht, von der wir sehr wenig wissen. Diese innere Welt ist unserem bewussten Standpunkt gegenüber so real und gegenständlich wie die äußere Welt der physischen Wirklichkeit, denn diese Dimension des Unbewussten existiert unabhängig davon, ob wir existieren oder nicht, so wie die äußere Welt Bestand hat, ob nun ein menschliches Individuum vorhanden ist oder nicht. Diese objektiv reale, innere Welt nennt Jung das kollektive Unbewusste; im Frühchristentum hätte man sie «Welt des Geistes» genannt, und bei den Indianern kann man sie in der mythologischen Welt der Geistwesen dargestellt wiederfinden. Zu dieser Welt können uns Anima und Animus Zugang verschaffen, sobald sie von der Projektion in die äußere Welt gelöst und in unsere innere Welt integriert werden.

Wenn die Anima an ihrem richtigen Platz wirkt, erweitert und verstärkt sie das Bewusstsein des Mannes, und sie bereichert seine Persönlichkeit, indem sie ihm durch Träume, Phantasien und inspirative Ideen den Einblick in die innere Welt geistiger Bilder und belebender Emotionen vermittelt. Das Bewusstsein des Mannes ist oft

---

[55] Jung, *GW* 7, S. 230.

[56] Jung, *GW* 9, I, S. 61.

zu zielgerichtet und zu konzentriert; es wird allzu leicht starr und begrenzt, und ohne Kontakt mit dem Unbewussten wird es trocken und steril. Jung schrieb: «Wenn die Produkte der Anima (z. B. Träume, Phantasien, Visionen, Symptome, Zufälle usw.) vom Bewusstsein angenommen, digeriert und integriert worden sind, so kommt dies wiederum dem Wachstum und der Entwicklung der Seele zugute.»[57]

Das männliche Bewusstsein wird meist mit der Sonne verglichen und das weibliche mit dem Mond. Zu Mittag ist alles in scharfen Umrissen zu sehen, und ein jedes Ding ist klar vom anderen unterscheidbar. Doch niemand erträgt ein Zu viel dieser heißen, grellen Sonne. Ohne das Kühle, das Feuchte und das Dunkle wird die Landschaft bald unwirtlich, die Erde trocknet aus und bringt kein Leben mehr hervor. Ähnliches geschieht im Leben eines Mannes, dem der befruchtende Einfluss des Weibchen fehlt. Ohne Beziehung zu seiner inneren Welt kann der Mann sich zwar auf ein Ziel konzentrieren, doch es fehlt ihm an Vorstellungskraft, er kann Pläne verfolgen, doch es fehlt ihm an Emotion, er kann nach Macht streben, doch er ist nicht kreativ, da er kein neues Leben aus sich hervorbringen kann. Nur die fruchtbare Vereinigung von Yin und Yang kann seine Energien wecken und verhindern, dass seine männliche Kraft verdorrt und sein Bewusstsein unfruchtbar wird.

So vermittelt die Anima dem Mann unschätzbare Seeleneigenschaften, die ihn beleben. Aus diesem Grund hat Jung die Anima verschiedentlich als den Archetypus des Lebens definiert und einmal gesagt, sie «verführt zu

---

[57] C. G. Jung, *GW* 14, II, *Mysterium Coniunctionis* (Rascher Verlag, Zürich und Stuttgart, 1968), S. 57.

gesteigertem Leben».[58] Für den Mann ist sie wie die Seele, diese schwer fassbare, doch lebenswichtige Ingredienz, welche allein das Leben lebenswert macht und dem Mann das Gefühl gibt, es existiere etwas, wonach es sich zu suchen lohnt. Die Anima verleiht dem Mann Herz, sie befähigt ihn, sich angesichts der Bürden und Missgeschicke des Lebens ein Herz zu fassen und mutig zu sein.

Als Archetypus des Lebens enthält die Anima auch das Element des Sinnes: nicht so, dass sie im Besitze der Antworten wäre; vielmehr verkörpert sie in sich selbst das Geheimnis des Lebens, und sie hilft dem Mann es zu entdecken, indem sie ihn zum Wissen um die eigene Seele führt. Jung schrieb dazu: «... aber daneben haftet ihr ein seltsam Bedeutendes an, etwas wie geheimes Wissen oder verborgene Weisheit, in merkwürdigstem Gegensatz zu ihrer irrationalen, elfischen Natur.» Und er fügte hinzu, wenn der Mann die Anima in den Griff bekommt, erkennt er schließlich, «dass hinter all dem grausamen Spiel mit dem menschlichen Schicksal etwas steckt wie geheime Absicht, die einer überlegenen Kenntnis der Lebensgesetze zu entsprechen scheint. (...) Und je mehr dieser Sinn erkannt wird, desto mehr verliert die Anima ihren drängerischen und zwängerischen Charakter.»[59] Als eine Personifikation des Lebens verkörpert die Anima für den Mann «ein Leben hinter dem Bewusstsein, das nicht restlos diesem integriert werden kann, sondern aus dem letzteres im Gegenteil eher hervorgeht». Und «sie ist immer das Apriori von Stimmungen, Reaktionen, Impulsen und was es sonst an psychischen Spontaneitäten gibt».[60]

---

[58] Jung, *Briefe,* 1956-1961 (Walter Verlag, Olten), S. 164.
[59] Jung, *GW* 9, I, S. 40.
[60] Ibid., S. 36.

Wir dürfen jedoch nicht denken, die Anima sei «gut». Sie ist weder gut noch böse, sie *ist* einfach. Sie möchte leben, und damit scheint sie sowohl Gutes wie Böses zu wollen, oder eher: Sie befasst sich nicht mit diesen moralischen Kategorien. Daher ist die Arbeit mit der Anima auch eine heikle Sache. Man kann sich der Anima genauso wenig mit Haut und Haar ausliefern, wie man an eine andere Funktion oder Eigenschaft der Psyche seine ganze Person hingeben kann.

So scheint auch die Anima die Liebesfähigkeit im Mann zu erwecken. Wenn wir uns verlieben, verspüren wir zuerst eine Flut von starken, belebenden Emotionen. Daher lässt sich die Anima auch besser poetisch und nicht wissenschaftlich, dramatisch und nicht konkret beschreiben. Und doch muss sich die Beziehung des Mannes zu ihr über das pure Gefühl der Verliebtheit hinaus entwickeln, er muss erkennen, dass die lebenspendende weibliche Seite in ihm selbst ist. Er kann es sich nicht erlauben, seine Anima nur durch die Projektion auf eine Frau leben zu lassen, er muss diesen Punkt überschreiten, um nach der Seele in sich zu suchen. Jung schrieb in einem Brief an eine Frau, die Trägerin des projizierten Seelenbildes eines Mannes war: «Da er nicht imstande ist, Sie als reale Frau hinter seiner Projektion zu erkennen, erscheinen Sie als <Sphinx>. In Wirklichkeit ist seine Seele die Sphinx, und er sollte versuchen, ihr Rätsel zu lösen.»[61]

Es ist jedoch nicht die Anima, die das Lieben im Mann vollzieht. Sie ist nicht identisch mit seinem Eros, aber sie erweckt seinen Eros. Sie erweckt im Mann die Fähigkeit, zu lieben und persönliche Beziehungen einzugehen, aber sie ist nicht selbst diese Liebe und Beziehung. Der Mann fühlt und liebt, nicht seine Anima, obwohl sie mit dem

[61] Jung, *Briefe* 1956-1961 (Walter Verlag, Olten), S. 140.

Funken vergleichbar ist, der die Flamme entzündet.

Mit dem letztgenannten Punkt befasst sich James Hillmann in seinen beiden Artikeln über die Anima in den Ausgaben von *Spring* 1973 und 1974. Jung bezog sich auf die Anima oft, als wäre sie identisch mit dem Eros, und viele Jungsche Analytiker sprechen von der Anima, als wäre sie mit Gefühl gleichzusetzen, als ob Gefühl und Eros zwangsläufig weibliche und nicht ebenso männliche Eigenschaften wären. Der griechische Gott Eros selbst ist eine männliche Gottheit, auch wenn er Aphrodites Sohn ist, und es gibt keinen Grund, Gefühl nur dem Weiblichen zuzuschreiben. Zutreffender scheint, die Anima als eine Funktion zu betrachten, die den Eros im Mann erweckt und gestaltet, dass es aber auch einen männlichen neben dem weiblichen Eros gibt. Damit zeigt sich, dass es der Mann selbst ist, der liebt, auch wenn eine Frau diese Liebe hervorrufen mag. Und es gibt keinen berechtigten Grund, Anima mit Gefühl und Animus mit Denken gleichzusetzen. Der Mann kann fühlen und die Frau kann denken, obwohl Anima und Animus diese Funktionen auslösen, unterstützen und lenken können.

Ein weiterer, noch ungeklärter Punkt in dieser Hinsicht ist die Frage, ob es eine «Anima-Entwicklung» gibt. Jungianer sprechen oft von der Anima-Entwicklung im Mann, als wäre es Aufgabe des Mannes, seine Anima zu entwickeln, damit er Beziehungen eingehen kann. Jung selbst spricht von vier Stadien der Anima: als Eva, als Helena von Troja, als Jungfrau Maria und als Sophia. In der Eva erkennen wir die Anima auf niedrigster biologischer Ebene, und zwar als Quelle für Instinkt und sexuellen Anreiz. Als Helena von Troja verkörpert sie Schönheit und Seele und ist nicht mehr vollständig vom Instinkt geleitet. Als Jungfrau Maria verkörpert sie die Möglichkeit einer Beziehung zu Gott, und als Sophia personifiziert sie das Prinzip der Verbindung zur höchsten Weisheit.[62]

Zweifellos kann die Anima auf verschiedenen Ebenen erscheinen, die Frage ist, ob die Anima sich entwickelt oder ob der Mann sich entwickelt. Die Griechen kannten eine Aphrodite Pandemos und eine Aphrodite Urania; erstere war die «Aphrodite für jedermann», letztere die «himmlische» oder «spirituelle Aphrodite». Aphrodite Pandemos entspricht dem Erleben Aphrodites auf der Ebene sexueller, instinktmäßiger Vereinigung und verkörpert so die Anima, wie sie in sexuell-erotischen Phantasien und im Instinktverhalten aufscheint. Die spirituelle Aphrodite hingegen stellt die Anima als jene Funktion dar, welche die Seele des Mannes mit Gott verbindet und ihm hilft, die höchstmögliche spirituelle Vereinigung zu erlangen. Meiner Ansicht nach entwickelt sich jedoch nicht die Anima, sondern der Mann muss die Entwicklung durchlaufen. Wenn Charakter und Verständnis des Mannes auf einer niedrigen, unbewussten Stufe stehen, erfährt er die Anima auf ihrer niedrigsten Ebene und ist nicht imstande, ihre höheren Werte zu verstehen oder zu schätzen. Wenn sich aber der Mann weiterentwickelt und «Seele» erwirbt, kann die Anima in ihren höchsten Erscheinungsformen bedeutungsvoll für ihn werden.

Ein weiterer strittiger Punkt ist die Frage, ob die Anima je erobert und entpersonifiziert werden kann oder ob sie ihr kaum fassbares, personifiziertes Wesen immer beibehält. Jung sprach von der Anima oft, als sei sie ein Wesen, das sich auf höchst unangenehme Weise bemerkbar macht und

---

[62] C. G. Jung, *GW* 16, *Praxis der Psychotherapie* (Rascher Verlag, Zürich und Stuttgart, 1958), S. 185.

das erobert und in eine unpersönliche, psychische Funktion umgewandelt werden müsse. In den *Zwei Schriften über analytische Psychologie* schrieb er: «Ich anerkenne, dass ein psychischer Faktor in mir tätig ist, der sich meinem bewussten Willen in der unglaublichsten Weise entzieht. Er kann mir außerordentliche Ideen in den Kopf setzen, mir ungewollte und unwillkommene Launen und Affekte verursachen, mich zu erstaunlichen Handlungen, für die ich keine Verantwortung übernehmen kann, veranlassen, meine Beziehungen zu anderen Menschen in irritierender Weise stören usw. Ich fühle mich ohnmächtig dieser Tatsache gegenüber, und was das Allerschlimmste ist: Ich bin in sie verliebt, so dass ich sie erst noch bewundern muss.»[63]

Sicherlich kann die Anima all diese störenden Auswirkungen auf den Mann haben, doch der Mann muss sich selbst erobern, auch wenn das bedeutet, dass er diesem verlockenden und trügerischen weiblichen Wesen in sich nicht gestatten darf, ihn zu verführen. Gelingt es ihm, die Anima «in die Flasche zu bannen», d. h. ihr zu verwehren, sein äußeres Leben zu dirigieren, seine Launen zu beherrschen und seine Beziehungen zu zerstören, dann nimmt sie ihren richtigen Platz als eine Funktion in ihm ein und führt ihn zu einer tieferen Erfahrung seiner eigenen Seele. Doch die Anima scheint sich starrköpfig gegen eine Entpersonifizierung zu wehren. Sie bleibt die Verkörperung eines mächtigen weiblichen Numens, wie Hillmann es ausdrückt und deshalb den Versuch, die Verkörperungen der Anima aufzulösen, nicht für sinnvoll hält. Gerade durch die Tatsache, dass sie sich in unseren Träumen und unserer Vorstellung personifiziert, können wir überhaupt eine Verbindung zu ihr herstellen.

Hillmann meint zudem, dass ein starrköpfiger Versuch,

---

[63] Jung, *GW* 7, S. 249.

die Anima zu erobern und sie zu zwingen, das zu sein, was wir wollen, nur das Ego in eine «heroische Haltung» treibt, d. h. die männliche Haltung verstärkt, was unumstößlich eine ständige Abwertung des Weiblichen und eine Übersteigerung des Ego zur Folge hat. Jung selbst scheint an anderer Stelle einzuräumen, dass die Anima unabänderlich eine personifizierte Gestalt ist. Er schrieb über Anima und Animus: «Nicht wir personifizieren sie; sie sind von Anfang an persönlicher Natur.»[64] Die Anima als Bindeglied zwischen dem Bewusstsein des Mannes und der Welt des Unbewussten kann der Funktion der Persona in der männlichen Psyche gegenübergestellt werden. Das Wort *Persona* bedeutet Maske. Es bezeichnet die Fassade oder das Gesicht, welches das Ego der Außenwelt zeigt. Daher ist die Persona Funktion der Beziehung zwischen Ego und äußerer Realität, so wie die Anima Funktion der Beziehung zwischen Ego und innerer Realität ist. Die Persona ist eine nützliche, ja wesentliche psychische Funktion. Ohne eine gewisse Persona können wir im Leben kaum bestehen. Sie ist nicht nur eine Maske, hinter der wir uns verstecken können, sie ist auch Mittel zur Anpassung an die äußere Realität. Ohne jegliche Persona wäre es sehr schwierig, den Anforderungen nachzukommen, die andere Menschen, unsere Arbeit oder die Gesellschaft im allgemeinen an uns stellen. Probleme treten erst auf, wenn sich jemand mit der Persona identifiziert, d. h. glaubt, er selbst und diese Fassade seien ein und dasselbe, und so die Bewusstheit seiner wahren Realität, besonders der dunklen Seite seiner Persönlichkeit verliert. Menschen, die sich mit der Persona identifizieren, sind nicht echt; sie gehen mit einer Schauseite ohne innere Tiefe durchs Leben.

Die Anima steht in einer ausgleichenden Beziehung zur

---

[64] *Jung,* GW *13,* Studien über alchemistische Vorstellungen, *Abs. 62.*

Persona. Sind wir zu sehr mit ihr identifiziert, wird die Anima entsprechend reagieren, und nur mit einer ausgewogenen Beziehung zur Persona können wir auch die richtige Beziehung zur Anima herstellen. Nehmen wir als Beispiel einen mächtigen Tyrannen - einen Nero oder Hitler —, dessen Wort allein das Leben vieler Menschen beeinflusste und dessen äußere Macht ihn zu dem Glauben verleitete, er sei ein allmächtiges Wesen. Innerlich herrschen aber vielleicht furchterregende und dunkle Phantasien über diesen Mann, über die er keine Kontrolle hat. Seine Seele ist mit grauenerregenden Ängsten erfüllt, in jeder Ecke sieht er Gefahr, und den dunklen Gestalten, die ihn quälen, ist er hilflos ausgeliefert, so wie König Saul seinen düsteren Stimmungen.[65]

Der römische Kaiser Caligula ist hierfür ein gutes Beispiel. Caligula war so erbarmungslos und identifizierte sich so stark mit seiner Macht, dass man von ihm erzählte, er habe bei seinen Festmählern die Gäste daran erinnert, dass er sie jederzeit töten lassen könne, und zu seiner Frau oder Geliebten soll er in einer Umarmung gesagt haben: «Nur ein Wort, und dieser hübsche Kopf rollt.»[66] Doch zugleich berichtete man von ihm, dass er sich unter dem Bett versteckte, wenn es donnerte, und voller Angst floh beim Anblick der Flammen des Ätna. Er fand nur schwer Schlaf und pflegte nachts in seinem riesigen Palast umherzuwandern, sich nach der Dämmerung sehnend.[67] Die Anima ruft diese aufwühlenden, angstbeladenen Phantasien hervor, sie verursacht die schlaflosen Nächte und bösen Ahnungen, und ihnen gegenüber ist der Mann in dem Maße hilflos, wie er in seinem Umgang mit der

---

[65] Siehe I Sam. 18,10-11.

[66] Gaius Suetonius, zitiert in *Caesar and Christ* von Will Durant, S. 226.

[67] Ibid., S. 265.

äußeren Welt allmächtig ist. Auf diese Weise gleicht die Anima die fehlerhafte Einseitigkeit seines Charakters aus.

Ebenso gut kann es sich auch um einen Geschäftsmann in Führungsposition handeln, dessen Entscheidungen viele Menschen beeinflussen, dem unsichere Untergebene schmeicheln und den ergebene Sekretärinnen umsorgen. Er lebt in einer Welt von Wolkenkratzern mit aufwendigen Büros, gepolstertem Spesenkonto und wichtigen Leuten im Aufsichtsrat. Und doch ist er innerlich vielleicht das Opfer vager Ängste, beherrscht von zwanghaften sexuellen Phantasien, die ihn dazu veranlassen, sich auf dem Heimweg einen pornographischen Film anzusehen oder Callgirls im Motel zu treffen. Die Anima steckt hinter diesen Ängsten und Phantasien, und sie herrscht über ihn innerlich so sehr, wie er in der äußeren Welt regiert.

Hier treffen wir wieder auf die Botschaft der hässlichen Jungfer, die Robert Johnson in seiner Analyse der Gralslegende darstellt. Parzival, der große äußere Held und Meister der ritterlichen Welt, kann sich der hässlichen Jungfer, seiner Anima, nicht widersetzen, die sich für ihn verdunkelt hat, da er in seiner Konzentration auf äußeren Erfolg seine innere Reise vernachlässigt hat.

Doch wenn es auf den ersten Blick auch so scheint, als sei die Anima die negative Gestalt, die den Mann durch unkontrollierbare und unwillkommene Gedanken oder Phantasien besitzt, so ist das nur die oberflächliche Seite eines tiefergehenden Problems. Sie hat in Wirklichkeit eine positive, nicht eine negative Funktion, und durch sie kann ein Mann sich von einem Weg in seinem Leben abwenden, der Verrat an ihm selbst und seinen höchsten Werten bedeutet. Sie führt ihn auf den Pfad der Ganzheit und geistigen Entwicklung zurück. Sie dient einem konstruktiven, nicht einem negativen Zweck, und sobald der Mann sie erkennt und auch schätzt, zeigen sich ihre positiven Aspekte. Sogar in ihrem negativen Aspekt bleibt sie sich selbst und ihrer grundlegenden Aufgabe treu: Sie bildet die Brücke zum Unbewussten und zur Welt seiner Seele.

In seinem positiven Aspekt spielt der Animus eine unerlässliche Rolle im Individuationsprozess der Frau. Seine Hauptaufgabe ist es, Psychopompos zu sein, ein Führer, der die Frau durch ihre innere Welt zu ihrer Seele geleitet. In Träumen erscheint der Animus als Führer und kreativer Geist, bezeichnenderweise als begabter Mann, Priester, Lehrer, Arzt, Gott oder als Mann mit ungewöhnlichen Kräften. Wenn der positive Aspekt des Animus hervortreten soll, ist es wiederum wichtig, dass er seine Funktion als Brücke zwischen dem Bewusstsein der Frau und ihrer unbewussten inneren Welt erfüllt. Wirkt er nur im äußeren Bereich, nimmt er jene negative Form an, die bereits beschrieben wurde. Jung sagt dazu: «In seiner wahren Form ist der Animus ein Held, er hat etwas Göttliches an sich», doch wenn er nicht in seiner wahren Form erscheint, ist er ein «eigensinniger Ersatz».[68]

Der kreative Animus bahnt der Frau den Weg: Er vollzieht als erster jene Dinge, die sie später selbst tun muss; er ist ihr Führer und weist ihr den Weg für eine Entwicklung. Das zeigt sich manchmal in den Träumen der Frau, in denen ein Mann eine Reise unternimmt, eine Gefahr überwindet oder Schwierigkeiten bewältigt - eine Aufgabe, welche die Frau bald selbst zu bestehen hat. In seinem Kommentar zur Vision einer Frau, in welcher der Animus eine heroische Rolle spielte, meint Jung: «Es handelt sich um das Motiv, dem wir vorher schon vielfach begegnet sind: Jedes Mal, wenn ein neuer Schritt, den sie

---

[68] C. G. Jung, «The Interpretation of Visions», *Spring* 1966, S. 143.

noch nicht tun kann, notwendig wird, geht ihr der Animus voran.»[69]

So wie sich die Anima dem Mann zuerst oft in der Projektion auf eine äußere Frau oder in Form ausgeprägter sexuell-erotischer Phantasien zeigt, so manifestiert sich auch der Animus in intensiven Phantasien oder Projektionen der Frau. Wird dieses numinose Bild nicht seelisch erfasst und als Gestalt der inneren Welt erkannt, wird der Animus leicht zum «Phantomliebhaber»[70], wie Esther Harding dies bezeichnet, der die Frau heimsucht, sie zu unwirklichen, romantischen Phantasien verführt und ihr Bewusstsein mehr und mehr von der Irrealität verschlingen lässt. So ist keine psychologische Entwicklung möglich, denn die Frau verliert sich in Liebesphantasien, die weder mit der Realität eines wirklichen Mannes noch mit der Realität ihrer inneren Welt in Zusammenhang stehen. Die Schuld liegt nicht beim Animus. Er tut sein Bestes, um durch diese intensiven Phantasien ihre Aufmerksamkeit auf sich zu ziehen, und das Bewusstsein der Frau selbst muss sich entwickeln und reifen, damit sie fähig wird, diese richtig zu verstehen. Die Geschichte von Jane im ersten Kapitel zeigt sehr gut, wie der Animus als Phantomliebhaber das Leben der Frau beeinträchtigen und sie in die Irrealität führen kann.

In seinem positiven Aspekt verkörpert der Animus die treibende Kraft für die Individuation in der Psyche der Frau. Eine ausgezeichnete Darstellung dessen finden wir in Emily Brontës bereits erwähntem Roman *Wuthering Heights.* Auffälligste Gestalt in dieser Geschichte ist Heathcliff, der teils Mann, teils Teufel zu sein scheint und

---

[69] Ibid., S. 129.

[70] Esther Harding, *The Way of all Women* (New York: David McKay Co., Inc., 1933, 1961), Kap. 2.

dessen wichtigstes Ziel im Leben die Vereinigung mit seiner geliebten Cathy ist. Obwohl ihn Cathy in ihrem Innersten sehr liebt, widersteht sie ihm und begeht an ihren wahren Gefühlen Verrat, indem sie den harmlosen und unfähigen Edgar Linton heiratet. Heathcliff lässt sich nicht abschrecken und bedrängt Cathy weiter, obwohl das in ihr einen heftigen Konflikt auslöst, den sie nicht gewillt ist zu ertragen und daran erkrankt und stirbt. Die Geschichte setzt sich mit Cathys Tochter als Heldin fort, die ebenfalls Cathy heißt. Die junge Cathy wird erbarmungslos vom immer mürrischer werdenden Heathcliff verfolgt. Im Gegensatz zu anderen, die Heathcliffs Verfolgung nicht aushalten können, wird Cathy dadurch stärker. Schließlich heiratet sie Hareton, und als sie ihre Beziehung zu Hareton festigt, zieht sich Heathcliff immer mehr aus der Geschichte zurück, bis er sich zuletzt im Tod mit seiner Cathy vereint. Somit gibt es am Ende der Geschichte eine Doppelhochzeit: das irdische Paar Catherine und Hareton, und das geistige Paar Heathcliff und Cathy.

In ihrer brillanten Analyse der Geschichte weist Barbara Hannah[71] daraufhin, dass Heathcliff eine Verkörperung des Animus ist, und beschreibt, wie er in der Psyche der Frau wirkt. Er ist eine scheinbar gnadenlose Gestalt, die viele Menschen zerstört, doch er ist nicht ausschließlich böse, denn zuletzt erweist er sich als jene Kraft, welche die psychische Entwicklung herbeiführt. Die Schwachen werden seinetwegen zerstört und nur jene, die erstarken, überleben, und gerade durch seine beharrlichen Anstrengungen ergibt sich am Ende der Geschichte die Doppelhochzeit, die ein Symbol der Ganzheit darstellt. In Heathcliff sehen wir also, dass der Animus dämonisch erscheinen kann, und doch enthält er die Triebfeder zur

[71] *Hannah,* Striving Towards Wholeness, *Kap. 10.*

Individuation und erweist sich als die unnachgiebige Kraft, welche die Frau dazu zwingt, sich von schwachen, kindischen Gefühlen zu lösen und die wahre Stärke ihres Charakters zu entwickeln. Heathcliffs unnachgiebiges Verlangen nach Verbindung mit Cathy entspricht dem unnachgiebigen, innerlichen Drang nach Vereinigung der Persönlichkeit, ein Vorgang, den der Animus ermöglicht und auf dem er sogar zu beharren scheint.

Jung setzte zuerst den Animus mit der Seele der Frau gleich und die Anima mit der Seele des Mannes. In der *Psychologie der Übertragung* schrieb er: «Daraus ergibt sich ... dass die Seele beim Mann also das weibliche Vorzeichen hat, bei der Frau das männliche.» [72] Diese Gleichsetzung ist jedoch bei vielen seiner Kollegen und Schüler umstritten. Emma Jung, Barbara Hannah und Irene de Castillejo vertreten die Ansicht, dass die Seele in Mann und Frau weiblich ist und dass Animus nicht mit Seele, sondern mit Geist gleichgesetzt werden soll. Nach dieser Auffassung ist der Animus nicht die Seele, führt aber die Frau zu ihrer Seele, und deshalb hat er die Aufgabe eines Psychopompos, der den Weg weist oder voranschreitet.[73]

Eine hilfreiche Funktion, die der positive Animus der Frau vermittelt, ist die Unterscheidungsgabe. Jung schrieb darüber: «... da wir es dort an entsprechender Stelle nicht mit einer Beziehungsfunktion, sondern im Gegenteil mit einer unterscheidenden Funktion, nämlich dem Animus, zu tun haben.»[74] Damit setzte er im wesentlichen den Animus dem Logos und die Anima dem Eros gleich, mit der irreführenden Andeutung aber, dass Animus somit das

---

[72] Jung *GW* 16, S. 323.

[73] *Siehe E. Jung,* Animus and Anima; *de Castillejo,* Knowing Woman; *Hannah,* Striving Towards Wholeness.

[74] Jung, *GW* 16, S. 315.

Denken in der Frau und Anima das Fühlen im Mann darstelle. Wir haben bereits gesehen, dass dies nicht zutrifft: Eine Frau denkt selbst, es ist nicht der Animus, der für sie denkt, und ein Mann hat seine eigenen Gefühle und seine eigene Liebesfähigkeit. Doch Jung verband weder Animus mit Logos noch Anima mit Eros direkt, er gebrauchte diese Kategorien, um uns eine begriffliche Annäherung der Funktionen dieser beiden Realitäten zu vermitteln. Er schrieb: «Wie die Anima dem mütterlichen Eros entspricht, so der Animus dem väterlichen Logos. Es liegt mir fern, diesen beiden intuitiven Begriffen eine allzu spezifische Definition geben zu wollen. Ich gebrauche <Eros> und <Logos> bloß als begriffliche Hilfsmittel, um die Tatsache zu beschreiben, dass das Bewusstsein der Frau mehr durch das Verbindende des Eros als durch das Unterscheidende und Erkenntnismäßige des Logos charakterisiert ist. Bei Männern ist der Eros, die Beziehungsfunktion, in der Regel weniger entwickelt als der Logos. Bei der Frau dagegen bildet der Eros einen Ausdruck ihrer wahren Natur. »[75]

Der Animus kann für die Frau wie ein Führer sein, der ihr den Weg zu ihrer Seele weist, da er seine Fackel der Unterscheidung und des Verstehens einsetzt, um ihre innere Welt zu erleuchten. Er stellt auch die Brücke zur unpersönlichen Welt von Intellekt und Geist dar und verleiht ihrem sonst weitschweifigen Bewusstsein die Fähigkeit zu intensiver Konzentration. Wie immer bei der Beschreibung von Anima und Animus sind Bilder verständlicher als Konzepte, und Irene de Castillejo vermittelt uns ein treffendes Bild in ihrer Darstellung des positiven Animus als «Fackelträger». Der Animus, so sagt

[75] Jung, *GW* 9, II, S. 23.

sie, wirft Licht auf die Dinge. Er ermöglicht der Frau Objektivität und Konzentrationsfähigkeit und tut ihr die Welt des Wissens um des Wissens willen auf.

> Um sie zu erkennen und sie klar und deutlich wahrzunehmen, so dass ich sie ausdrücken kann - «das ist meine Wahrheit, dafür stehe ich ein» - dafür brauche ich die Hilfe des Animus.
>
> Ich persönlich sehe meinen hilfreichen Animus als einen Fackelträger, der sein Licht hochhält und mir den Weg beleuchtet; sein Lichtkegel fällt in dunkle Ecken und durchdringt den Nebel, der die Welt der Geheimnisse und Mysterien verbirgt, in der ich als Frau zuhause bin.
>
> In der inneren Welt der Frau, die voller Schatten und kosmischer Wahrheiten ist, schafft er ein Lichtbündel als Fokus für ihr Auge, und sie schaut und sagt, «ja, das meine ich» oder «nein, das ist es nicht, das stimmt nicht für mich». Mit Hilfe seines Lichtes gelingt es ihr, den Ideen Form zu geben. Er wirft Licht auf die aufsteigenden Worte unter der Oberfläche, damit sie die passenden wählen kann, er zerlegt das Licht zu ihrer Auswahl in die Farben des Regenbogens, er vermittelt ihr die Sicht der Teile eines Ganzen und die Unterscheidung zwischen diesem und jenem. Kurz, er befähigt sie, zu fokussieren.[76]

Sobald die Frau sich mit ihrem inneren Selbst verbindet, fährt de Castillejo fort, trifft sie zuerst auf den Animus, der sein Licht ins Innere und auf den Sinn der Dinge scheinen lässt, wodurch er sie in ihre inneren Tiefen führt, wo sich ihre Seele befindet. Sie betont jedoch, dass der Animus nicht die Seele ist, die Seele ist wie das Ego der Frau weiblich. «Da er es ist, dem die Frau zuerst begegnet, erscheint er zuerst selbst als das Seelenbild, nach dem sie sucht. Doch wenn sie sich mit ihm weiter in die Dunkelheit und das Unbekannte vorwagt, erkennt sie vielleicht, dass er

[76] De Castillejo, *Knowing Woman,* S. 76.

nicht ihre Seele darstellt, sondern vielmehr ein Führer ist, der sie zu ihrer Seele geleitet.»[77]

Die Seele der Frau ist also weiblich wie die Frau selbst, und sie wird vielleicht am besten als Lebenskraft dargestellt, als Quelle von Energie und Liebe. Für den Mann ist die Seele etwas anderes als er selbst, eine schwer fassbare und doch grundlegende weibliche Realität, die für das Wohlbefinden seines Bewusstseins unerlässlich ist. Für die Frau ist die Entdeckung der Seele die Entdeckung dessen, was im Wesentlichen ihre eigene, wahre und tiefste Natur ausmacht. Der Mann hat zur Welt der unpersönlichen Ziele und des objektiven Wissens Zugang, während die Frau in diese Welt eingeführt werden muss, der sie subjektiv nicht verbunden ist und die auch eine erschreckende Entdeckung für sie sein kann.

So ist der Animus ein Lichtträger, und er *muss* sein Licht irgendwohin senden - so warnt uns de Castillejo -, das heißt, die Frau *muss* die Animus-Funktion in sich richtig und kreativ einsetzen. «Die Frau ist es, die den Animus nicht kreativ einsetzt, die ihm ausgeliefert ist, denn er muss sein Licht irgendwohin scheinen lassen. Also zieht er ihre Aufmerksamkeit auf sich, indem er sein Licht auf eine Formel oder einen Wahlspruch nach dem anderen wirft, gleichgültig, ob diese wirklich Relevanz besitzen. Sie tappt also in die Falle und akzeptiert das, was er ihr zeigt, als absolute Wahrheit.» [78] Und wieder heißt das Schlüsselwort Bezogenheit: Der Animus ist in seiner Funktion positiv, wenn die Frau sich entsprechend mit ihm verbindet, und negativ, wenn eine mangelhafte Beziehung besteht. Eine richtige Beziehung zum Animus erreicht man, indem man seine Realität anerkennt, ihm Platz im

[77] Ibid., S. 166.
[78] Ibid., S. 80.

Leben einräumt und mit ihm einen Dialog aufrechterhält, als wäre er ein innerer Gemahl.

Seine Realität anzuerkennen heißt, die Realität und Autonomie des Unbewussten zu begreifen. Das bedeutet, wie wir gesehen haben, dass Projektionen immer erkannt werden. Der Animus projiziert sich besonders dann leicht auf einen äußeren Mann, wenn die Frau ihn nicht bewusst als Teil ihrer selbst wahrnimmt. Wird der Mann über- oder unterschätzt oder gar als faszinierend empfunden, ist vermutlich eine solche Projektion erfolgt, was sich zusätzlich an der Reaktion des Mannes erkennen lässt, der auf die Projektion mit wachsendem Unbehagen reagieren wird, außer er sei so egozentrisch, dass er sich dadurch bestätigt fühlt.

Um dem Animus Realität zu geben und ihm seinen richtigen Platz im Leben zuzuweisen, muss er im Leben der Frau mit einbezogen werden. Wir haben bereits bei der Anima festgestellt, dass die inneren Gestalten des Unbewussten alle leben und dies nur durch unser Leben möglich ist. Eine Frau, welche die objektive Seite des Lebens vernachlässigt, insbesondere aber die Entwicklung ihrer intellektuellen und geistigen Kräfte, muss mit einem unzufriedenen Animus rechnen, der unangenehm und diabolisch reagiert. Sie braucht oft etwas, was außerhalb des Bereiches von Familie, Ehemann oder Partner liegt und kann so ihren Animus zufriedenstellen; geht sie dabei zu weit, besteht aber auch die Gefahr, dass sie sich zu stark mit ihrem Animus gleichsetzt. Nur mit dem Bewusstsein, ein menschliches Wesen zu sein, dem eine weibliche Seele und auch ein männliches Prinzip innewohnen, sollte sie männliche Ziele in der Welt verfolgen und ihren Intellekt in akademischer und beruflicher Tätigkeit entwickeln.

Durch den Dialog, der schon als Kommunikationsmöglichkeit zwischen Mann und Anima beschrieben wurde, fällt es auch der Frau leichter, sie selbst als Frau und Seele und den Animus als männliche Kraft der Unterscheidung gesondert zu sehen. Die Frau erfährt den Animus oft als eine «Stimme» in ihr, d.h. als eine autonome Kette von Gedanken und Ideen, die in ihr Bewusstsein einfließen. Sie kann diesen Strom von Gedanken und Ideen als ihren inneren Mann personifizieren und mit ihm einen Dialog entwickeln. Irene de Castillejo verweist darauf, dass die Frau den Animus darüber informieren sollte, wie sie die Dinge sieht. Der Animus wird nur allzu leicht mit seinen Meinungen, Ideen und Plänen eindringen, und in seinem Versuch, sie durchzusetzen, kann er erbarmungslos sein. Die Frau muss hart mit ihm umgehen und ihn genau davon unterrichten, was sie fühlt und was ihre Bedürfnisse und Wünsche sind. Irene de Castillejo beschreibt den Fall einer Frau, wo der Animus «positiv und hilfreich war, solange die Frau ihn vorsorglich darüber informierte, wie sie als Frau über die Dinge dachte, und er reagierte nur dann negativ, wenn sie das versäumte. Denn so, ohne die essentiellen Daten ihrer Gefühle, hatte er keine andere Wahl, als sich mit Allgemeinplätzen zu Wort zu melden.»[79]

Wenn es die Psyche betrifft, sehen wir immer und immer wieder, dass unsere inneren Gestalten die ihnen zustehende Rolle und Funktion annehmen, sobald wir uns in entsprechender Weise und bewusst mit ihnen verbinden. Sind wir uns ihrer nicht bewusst und stimmt die Beziehung zu ihnen nicht, bemächtigen sie sich unseres Lebens und zerstören es. Das gilt auch für den Animus, der «der beste Freund der Frau ist, wenn er sein Licht auf jene Dinge wirft, die Relevanz besitzen, und sofort zum Feind wird,

---

[79] Ibid., S. 168. 116

wenn er der Irrelevanz verfällt».[80]

[80] Ibid., S. 80.

# Kapitel 4

Die geheimnisvolle Lebenskraft, die wir Sexualität nennen, wird durch unsere unsichtbaren Partner sowohl kompliziert als auch bereichert. Wir haben bereits gesehen, dass Anima und Animus häufig auf Vertreter des Gegengeschlechts projiziert werden, und wenn ein Mensch ein solches Bild für uns trägt, löst dies meist sexuelle Gefühle und Phantasien aus. Das geschieht deshalb, weil die Archetypen von Anima und Animus so numinos sind, d.h. mit psychischer Energie so geladen sind, dass sie uns emotionell ergreifen, und diese Energie beeinflusst uns meist zuerst auf sexueller Ebene.

Diese magnetisch sexuelle Anziehung, die wir fühlen, wenn Anima oder Animus projiziert werden, führt zu starken psychischen Bindungen an die Person, welche die Projektion trägt, und dieses Phänomen wirkt sich meist störend auf eine langfristige Beziehung, wie beispielsweise eine Ehe, aus. Die Projektion von Anima und Animus verbleibt selten bei einer Person, die sich unter dem Druck und Stress des Alltags als gewöhnlicher Mensch erweist, und sie fällt deshalb meist auf Personen außerhalb der ehelichen Beziehungen, was sich als störender Faktor erweisen kann.

Unergründlichkeit, Entdeckergeist, Abenteuerlust und Neugier sind die belebenden Kräfte im Anfang einer Beziehung zwischen Mann und Frau, doch sobald sich diese abnutzen, kann das Sexualleben zur Routine werden, und sexuelle Sehnsüchte und Phantasien werden vielleicht auf andere Menschen ausgerichtet.[81] Ein Mensch, dem das psychologische Verständnis dafür fehlt, wird dann annehmen, dass er seinen Partner nicht mehr liebt, da er sich in jemand anders «verliebt» hat; oder wenn er in einer streng religiösen Tradition aufgewachsen ist, die ihn dazu erzogen hat, Phantasien bereits als Sünde zu werten, wird er darüber erschrecken und sie aus Angst und Schuldgefühl zu verdrängen versuchen. Oder wenn ihm ein gewisses moralisches Durchhaltevermögen fehlt, neigt er dazu, eine Ehe, die von Langeweile bedroht ist, aufzugeben, anstatt an ihr zu arbeiten; er glaubt, die neue und faszinierende Beziehung bringe *die* ersehnte Erfüllung, und sobald er das Objekt seiner sexuellen Wünsche besitze, werde er glücklich sein.

Wie Adolf Guggenbuhl-Craig aufzeigte[82], geschieht dies

---

[81] Glücklicherweise gibt es für das Sexualleben in der Ehe oder in einer ständigen Beziehung auch bestimmte Vorteile, was sexuelle Erfüllung anbelangt. In einer permanenten Beziehung haben beide Partner Gelegenheit, den anderen in sexueller Hinsicht wirklich kennenzulernen, zu entdecken, was ihm Lust bereitet, und ein geschickter und passender Sexualpartner für den geliebten Menschen zu werden. In einer langfristigen Beziehung löst sich nach einiger Zeit die Projektion von Anima oder Animus vom Partner, was jedoch durch persönliche Zuneigung und Verbundenheit durchaus aufgewogen wird. Wenn ein verheiratetes Paar seine Phantasien außerdem im Sexualbereich lebendig erhält, sie miteinander teilt und auslebt, kann Sexualität auch in der Ehe ein wesentlicher Bestandteil der Beziehung bleiben.

[82] Adolf Guggenbuhl-Craig, *Die Ehe ist tot - lang lebe die Ehe,* Publikation aus dem C. G. Jung-Institut Zürich, XXI, 1976.

besonders leicht in unserer Kultur, wo die Ehe, wie er es ausdrückt, mehr im Sinne von «Wohl» verstanden wird als im Sinne von «Heil». Die Ehe im Sinne von Wohlbefinden zu betrachten heißt, wir heiraten in dem Gedanken, dass uns dies zu Glück, Zufriedenheit, Vollkommenheit und Frieden führen wird. Die Ehe im Sinne von Heil zu verstehen heißt, sie als einen möglichen Weg zu Selbsterkenntnis und Individuation zu sehen. In der Ehe stoßen die Bereiche des Unbewussten beider Partner aufeinander. Das gibt ihnen die Möglichkeit, sich persönlicher Eigenschaften oder Gewohnheiten bewusst zu werden, die sie nur sehen, wenn ihr Partner in der Erfahrung des täglichen Lebens dagegen protestiert.

Eine solche Beziehung bietet ein ausgezeichnetes Umfeld für den Individuationsprozess, denn Menschen, die Bereiche des Unbewussten gemeinsam in ihrem Leben aufarbeiten, reifen in ihrer Liebes- und Beziehungsfähigkeit. Ist uns die Ehe nur dann wertvoll, wenn sie uns ein Gefühl des Wohlbefindens vermittelt, werden wir nicht die Seelenstärke aufbringen, uns durch diese schmerzlichen Erfahrungen durchzuarbeiten. Lernen wir aber die Ehe zu schätzen, weil sie uns Möglichkeiten zum Heil, d.h. zur Individuation, und anderen Wohltaten bietet, steht unsere eheliche Beziehung auf festerem Boden.

Eine Frage ist noch offen: Wie sollen wir mit den Phantasien umgehen, die durch die genannten Projektionen verursacht wurden und sich auf eine Person außerhalb unserer Ehe richten? Es kann sich sicher destruktiv auswirken, wenn man sich in solchen Phantasien ergeht, ohne einen bewussten Gedanken daran, welche Bedeutung ihnen zugrunde liegt; es ist aber ebenso nachteilig, wenn ein überentwickeltes Gewissen Anlass dazu gibt, die Anima resp. Animus bedingten Phantasien abzulehnen, denn diese

Phantasien enthalten beträchtliche Mengen psychischer Energie. Wir versuchen also besser, dem Sinn unserer Phantasien auf den Grund zu gehen, statt sie wegen ihrer angeblichen Verworfenheit von der Hand zu weisen. Phantasien sind an sich nichts Schlimmes. Sie dringen aus eigenem Anlass ungerufen in unseren Geist ein, und erst das, was wir mit ihnen dann tun, ist eine Sache der Moral.

Wenn Anima oder Animus unsere erotischen Gedanken auf eine andere Person gelenkt haben, kann das verschiedenste Bedeutung für uns haben. Als erstes sollten wir dann vielleicht die Qualität unserer bestehenden Beziehung untersuchen. Viele Männer haben beispielsweise einen passiven Eros, d.h. sie bemühen sich nicht, enge Bindungen zu einer Frau zu entwickeln, da sie Frauen nicht als Kameradin und Geliebte betrachten, sondern als fürsorgliche Mutter. Was Gefühl und Beziehung betrifft, bleiben sie folglich in ihrer Entwicklung zurück. Die Anima versucht nun, sie aufzurütteln, indem sie in ihrem Geist die verschiedensten Phantasien entstehen lässt, so als hätte sie die Unzulänglichkeit und Schläfrigkeit des Mannes im Bereich von persönlicher Beziehung und Liebe erkannt und beschlossen, im Topf einmal kräftig umzurühren. Es kann aber auch sein, dass der Mann oder die Frau mit dem falschen Partner verheiratet ist und bisher nicht bereit war, dieser Tatsache ins Auge zu blicken, nun aber durch Anima resp. Animus bedingte Phantasien dazu veranlasst wird, die Hauptbeziehung ehrlicher zu untersuchen.

Dazu ein Beispiel: Ein Mann kam zur Therapie, da er seit Jahren in seiner Ehe impotent war und ihn auch seine erotischen Phantasien über eine andere Frau stark beunruhigten. Nachdem er einige Stunden gesprochen hatte, wurde ihm klar, dass er seine Frau einfach nicht mochte. Es war nicht die Frage, ob er sie liebte oder nicht liebte, er mochte sie einfach nicht und wollte wirklich nicht mit ihr zusammen sein. Er hatte es sich zum ersten Mal gestattet, sich diese Tatsache ehrlich einzugestehen. Er suchte dann nach der anderen Frau, und seine Impotenz verschwand sofort. Sein Penis konnte nicht lügen; er hatte ihm die ganze Zeit über gesagt, dass er die Frau, die er geheiratet hatte, einfach nicht wollte. Natürlich ging der Mann durch manche Hölle, bis er sich von seiner Frau getrennt hatte, und er musste auch eine gewisse Schuld auf sich nehmen, denn, wie zu erwarten war, fühlte sich seine Frau zurückgestoßen und abgelehnt. Es gibt keine einfachen Lösungen für Beziehungsprobleme im Leben, und jede Liebesbeziehung fordert ihren Preis von uns.

Mit großer Wahrscheinlichkeit aber ist das Erscheinen von Anima oder Animus in projizierter Form nur das Bemühen dieser inneren Gestalten, unsere Aufmerksamkeit zu erregen, und wir müssen versuchen, die Projektionen zu lösen, d.h. wir müssen erkennen, dass die Anziehungskraft oder Faszination, welche die andere Person auf uns ausübt, auf den projizierten psychischen Inhalt in uns zurückgeht. Auf diese Weise können wir uns mit dem numinosen Bild von Anima oder Animus als einem inneren Faktor unserer eigenen Psyche verbinden und so auch die lebendige Beziehung zum Unbewussten herstellen, welche in unserem Individuationsprozess eine große Hilfe ist. Wie bereits in Kapitel 1 erwähnt wurde, können Projektionen nie ganz zurückgenommen werden, da sie nicht unserer bewussten Kontrolle unterliegen, und wir können uns diese inneren Bilder von Anima und Animus auch nie so bewusst machen, dass keine Projektionen mehr auftreten. Projektionen zurücknehmen bedeutet nicht, dass sie nicht mehr auftreten, sondern, dass wir sie als Bild in uns selbst verstehen.

Ein Sonderfall der Animaprojektion in der männlichen Psyche ergibt sich aus dem Problem der «doppelten» Anima. Die Anima tritt in der Psyche des Mannes oft als Doppelgestalt auf. Das erste Anima-Bild zieht ihn zu Frau, Familie und Heim, das zweite in eine Welt emotionell gefärbter Erfahrungen oder zu Bildern, die außerhalb des Frau-Kind-Zuhause-Musters liegen. (Wir können das erste Bild endogam und das zweite exogam nennen.) Viele Männer erfüllen anfangs das erste Anima-Bild, gehen zu einem gesetzteren Leben über und genießen die Vorteile und Annehmlichkeiten des Familienlebens - und müssen nun plötzlich feststellen, dass ihr Bewusstsein vom zweiten Anima-Bild aufgewühlt und wachgerüttelt wird. Es scheint, als trete das zweite Bild auf, um den Mann für seine innere Weiterentwicklung zu erwecken oder um ihn zu größerer Lebenserfahrung zu führen. Sie bewahrt seinen Eros vor Passivität, verhindert, dass er geistig zu satt und bequem wird und womöglich stagniert. Kurz, sie bringt Feuer in sein Leben und Farbe in seine Persönlichkeit.

Verfängt sich der Mann in diesen Anima-Bildern, gibt es für das weitere Vorgehen keine festen Regeln. Die Theologie mag zwar allgemeine Prinzipien für das Liebesleben der Menschheit festsetzen, doch die Psychologie muss anders vorgehen, denn in Sachen Eros gibt es nur individuelle Lösungen. Jeder Mann muss seinen eigenen Weg durch das Labyrinth von Beziehungen, Emotionen, Sehnsüchten und Komplikationen finden, die das Erscheinen der doppelten Anima immer mit sich bringt.

Einige Männer benötigen konkrete Erfahrungen mit Frauen, um ihre eigenen Emotionen zu begreifen und herauszufinden, was Frauen für sie bedeuten. Das gilt vielleicht besonders für den Mann, der mit Frauen, Liebe und Beziehungen nicht genügend Erfahrungen gesammelt hat, der in diesem Bereich sozusagen ein «ungelebtes Leben» hat.

Der Mann, der von der Anima «gefangen» ist und daher eine Beziehung zu einer anderen Frau wünscht, muss auch seine Hauptbeziehung in Betracht ziehen. Viele Männer weigern sich richtigerweise (für sie) - aus Loyalität und Liebe zu ihrer Frau -, eine Beziehung zu einer anderen Frau einzugehen. Andere wiederum gehen eine Beziehung ein, behalten das aber, in dem Gedanken, ihrer Frau nicht weh tun zu wollen, für sich und meinen, was «sie nicht weiß, macht sie nicht heiß». Die Wahrheit sieht meist anders aus: Sie wollen die emotionellen Schwierigkeiten nicht auf sich nehmen, ihrer Frau von dem Dilemma, in dem sie sich befinden, zu erzählen und ihr einzugestehen, was sie tun. Die meisten Männer lehnen unangenehme emotionelle Szenen ab, und verständlicherweise reagieren viele Ehefrauen verletzt, zornig und vielleicht sogar rachsüchtig, wenn sie erfahren, dass ihr Mann seine Liebe mit anderen Frauen teilt. «Was meine Frau nicht weiß, macht sie nicht heiß» ist meist zu übersetzen mit «Ich habe nicht den Mut, alles offen auszusprechen und mir damit emotionelle Schwierigkeiten einzuhandeln».

Gibt es häufige oder länger dauernde außereheliche Beziehungen, wird der Partner davon sicherlich über das Unbewusste beeinflusst, d.h. es wird Auswirkung auf die Psyche des Ehepartners haben, auch wenn dieser auf bewusster Ebene nicht weiß, was vorgeht. Es kommt gelegentlich vor, dass jemand zur Analyse kommt, dessen Ehe nicht ganz in Ordnung ist, er oder sie das Problem aber nicht genau benennen kann. Auch eine Diskussion mit dem

Partner verläuft ergebnislos. Später stellt sich dann aber meist heraus, dass einer der beiden längere Zeit in eine außereheliche Beziehung verwickelt war. Dann wird auch klar, warum der Partner zu verschiedenen Zeitpunkten so anders reagierte, eine Art Verschwiegenheit fühlbar war und Diskussionen erfolglos verliefen. Es gibt sogar Fälle, wo ein Mensch träumte, dass der Partner in eine andere Beziehung verwickelt ist. Natürlich war der Betreffende dadurch beunruhigt, wusste aber mit dem Traum nichts anzufangen, da er den Sachverhalt nicht kannte.

Es ist nicht nur unfair dem Ehepartner gegenüber, wenn eine außereheliche Affäre lange verschwiegen wird, sondern es zeigt sich auch, wenn alles ans Licht kommt, dass durch das Verschweigen viel Schaden angerichtet wurde. Der Partner, der von der außerehelichen Beziehung nichts wusste, fühlt sich verletzt und missachtet, und natürlich ist das Vertrauen zueinander geschwächt und nur schwer wiederherzustellen. Zudem kann man sich durch eine heimliche Liebesaffäre selbst Schaden zufügen. Man verbraucht Energie, will man ein Geheimnis bewahren, denn Geheimnisse sind wie Kork, den man nur unter Wasser halten kann, indem man ständig Druck anwendet. Aus diesem Grund verlieren wir einiges an psychischer Energie, wenn wir ein heimliches Leben versteckt halten. Der Mann schadet auch seiner eigenen Seele, wenn er der Frau in seinem Leben Schaden zufügt, da er die Anima entfremdet. Wir können nicht auf Kosten anderer Glück und Erfüllung finden, ohne unserer eigenen Seele dabei zu schaden. In metaphysischer Sprache ausgedrückt bedeutet das, der Versuch, auf Kosten eines anderen Glück zu erlangen, lässt in uns schlechtes «Karma» entstehen, d.h. es bringt von innen her Vergeltung.

Und was ist mit der Anima, die hinter all diesen

Komplikationen steckt, deren projiziertes Bild auf die andere Frau den Mann in Phantasien verwickelt, seine Sehnsüchte weckt und sein unerfülltes Emotionsleben aufwühlt? Es scheint oft, als wären ihr die Schwierigkeiten, die sie verursacht, gleichgültig. Wie Aphrodite sorgt sie dafür, dass Männer und Frauen sich lieben, auch körperlich, und menschliches Glück kümmert sie wenig. Es gibt für den Mann also eine Schwierigkeit: Menschliche Beziehungen, die eine ethische und moralische Haltung erfordern und für deren dauerhaften Erfolg Eigenschaften wie Integrität und Fairness vonnöten sind, werden stark durch eine Anima beeinträchtigt, die sich um derlei nicht kümmert, solange es ihr gelingt, mehr Leben zu entfachen. Doch es stimmt nicht, dass Aphrodite keinerlei Moral besitzt, denn ihr Moralkodex erstreckt sich auf alle Bereiche der Beziehung. Wenn der Mann in Liebesangelegenheiten und in Beziehungen langfristig gesehen treulos ist, wird die Göttin in ihm mit Rachsucht reagieren und Vergeltung fordern, und zwar auf eine Weise, die wir als «weibliche Gerechtigkeit» kennen.

Wie Marie-Louise von Franz aufzeigt[83], gibt es sowohl eine männliche als auch eine weibliche Gerechtigkeit. Männliche Gerechtigkeit ist unpersönlich und objektiv. Sie ist in unseren Gesetzbüchern und Strafbestimmungen verankert und fordert für verschiedene Vergehen unparteiische und einheitliche Gerechtigkeit, so wie die Gesellschaft es verlangt, ohne Rücksicht auf individuelle Überlegungen. Weibliche Gerechtigkeit hingegen ist die Gerechtigkeit der Natur. Sie ist persönlich und den jeweiligen Umständen angepasst.

Ein Beispiel weiblicher Gerechtigkeit finden wir in der Geschichte jener Frau, die in einer Annonce einen neuen

[83] *Von Franz,* Das Weibliche im Märchen, *S. 37—38.*

Porsche zum lächerlich niedrigen Preis von 75 Dollars anbot.[84] Ein Mann las die Anzeige und nahm mit der Frau Verbindung auf. «Ich habe nur einen Scheck», soll er gesagt haben. «Das ist schon in Ordnung», antwortete die Frau. Erstaunt und erfreut über sein Glück stellte er den Scheck aus und fuhr in dem Porsche weg, doch sein Gewissen meldete sich, und er kam zu ihr zurück und fragte: «Wissen Sie eigentlich, wie viel dieses Auto wert ist?» «O ja», antwortete die Frau. «Warum verkaufen Sie ihn dann für nur 75 Dollar?» «Nun», meinte sie, «die Sache ist die: Mein Mann ist gestern mit seiner Geliebten nach Europa gefahren und sagte zu mir: «Verkaufe den Porsche für mich und schick' mir das Geld!>» *Das* ist weibliche Gerechtigkeit. Die Moral von der Geschichte? Ihr Ehemann bekam *genau das, was er verdiente.*

Weibliche Gerechtigkeit setzt sich durch in Fragen menschlicher Beziehungen und auch in unserer Beziehung zum Unbewussten und zur Natur. Entfremden wir uns dem Unbewussten, missachten wir die Gesetze und Forderungen der Mutter Natur oder fügen ihnen Schaden zu, bekommen wir, was wir verdienen. Das heißt, die Strafe wird genau den individuellen Umständen angepasst bemessen. Wenn wir also unseren Körper missbrauchen, bezahlen wir den entsprechenden Preis; verschmutzen wir Luft, Erde und Meere, misst uns die Natur eine Strafe zu, die wir jetzt allmählich auch begreifen. Verachten wir das Unbewusste, wird von all den Kräften in uns, gegen die wir uns vergangen haben, Gerechtigkeit gefordert, und wenn wir in unseren Beziehungen nicht ehrlich sind, müssen wir auf

[84] Die Geschichte wurde mir von Leuten erzählt, die sie im Radio hörten oder in der Zeitung lasen. Der Wortlaut ist vielleicht ungenau, aber ob es nun den Tatsachen entspricht oder nicht, es veranschaulicht, was weibliche Gerechtigkeit bedeutet.

irgendeine Weise den Preis dafür bezahlen.

Wir haben das Problem der doppelten Anima des Mannes nun diskutiert, doch auch die Frau hat ein doppeltes Animus-Bild, wie Robert Johnson in seiner Studie der Hindu-Geschichte *Die vertauschten Köpfe* zeigt.[85] Wenn der Animus als Doppelbild auftritt, kann ein Mann den einen Teil des Animus und ein anderer Mann den andern Teil des Animus für die Frau tragen. Da diese Animus-Bilder projiziert sind, fühlt sich die Frau zwischen den zwei Männern hin- und hergerissen, denn indem sie mit beiden Männern in Beziehung tritt, erlebt sie verschiedene Teile ihrer selbst. Natürlich ist es für sie nicht einfach, eine Wahl zwischen den beiden Männern zu treffen, denn bevor sie nicht jene projizierten Teile der Psyche zurücknehmen kann, ist sie zwanghaft an beide gebunden. Einen von ihnen aufzugeben wäre für sie ebenso schwer, wie wenn man von ihr verlangte, ihren linken oder rechten Arm zu opfern. Sie kann das Problem lösen, indem sie sich die Projektion bewusst macht, sie zurücknimmt und sich schließlich die persönliche Beziehung zu einem der Männer, die sich deutlich von der durch Projektion entstandenen Beziehung unterscheidet, intensiver entwickelt.

Es ist für eine junge Frau ganz natürlich, ihre Persönlichkeit zuerst durch Beziehungen mit verschiedenen Männern zu erfahren. Eine junge Frau wurde mir von ihren Eltern zur Beratung zugewiesen, da sie nacheinander zahlreiche ungewöhnliche Liebesaffären hatte. Und es stimmte, es gab eine verblüffende Anzahl verschiedener Männer in ihrem Leben - Studenten, Matrosen, ältere und jüngere Männer, Weiße und Schwarze -, sie schien ohne

---

[85] Aus einem Vortrag mit demselben Titel von Robert Johnson, gehalten 1979 bei den Friends of Jung. Erhältlich bei der Friends of Jung Tape Library, P.O.Box 33114, San Diego, Calif. 92103.

Sinn und Verstand vorzugehen. Es war, als würde eine weitere Facette ihrer Persönlichkeit mit jeder Beziehung zum Vorschein kommen. Schließlich traf sie ihre Wahl, heiratete einen der Männer und führte eine monogame Ehe. Es war für diese junge Frau wichtig, ihre Entwicklungsphase durchzumachen. Heiratet eine Frau sehr jung, ist ihr Bedürfnis nach derlei Erfahrungen vielleicht noch nicht erfüllt. Wenn romantische Phantasien in der Jugend nicht ausgelebt wurden und noch Elemente emotioneller Unreife vorhanden sind, kann später das Gefühl, das Leben nicht gelebt zu haben, im Bewusstsein auftauchen und die Ehe beeinträchtigen.

Viele Menschen glauben, Monogamie liege mehr in der Natur der Frau und nicht so sehr in der Natur des Mannes. Mag sein, möglicherweise gehen Frauen aber auch im allgemeinen engere Beziehungen ein als Männer. Das heißt, eine Frau, die entschieden hat, wer «ihr Mann» ist, wird durch ihre Phantasien nicht so leicht zu einer anderen Beziehung veranlasst wie ein Mann, dessen persönliche Beziehungsfähigkeit noch nicht so gut entwickelt ist. Natürlich handelt es sich hier um eine Verallgemeinerung, denn manchmal ist es auch der Mann, der schon stärkere Beziehungsfähigkeit entwickelt hat und daher verführerischen Phantasien nicht so leicht nachgibt.

Sobald sich die Energien einer Frau auf eine persönliche Beziehung, besonders auf die Bildung einer Familie, richten, überwiegt meist ihre monogame Neigung, und wenn sie den Mann emotionell als Partner akzeptiert hat, neigt sie dazu, andere Männer aus ihrem Emotionsleben auszuschließen, so wie das Ei, das ein Spermium aufgenommen hat, die anderen Spermien ausschließt. Heute scheint die monogame Neigung der Frauen nicht mehr so stark zu sein wie früher, zumindest berichten viele

Frauen, dass sie mehr als einen Mann zur gleichen Zeit in ihrem Leben haben können. Männern wird oft nachgesagt, sie seien von Natur aus eher polygam, und in unserer Kultur müssen sie vielleicht etwas von dieser Neigung opfern, damit eine monogame Ehe möglich ist. Doch auch das ist eine Verallgemeinerung, und es gibt sicherlich viele Männer, deren Gefühlsleben sich auf eine Frau, und nur eine, konzentriert.

Ob Mann oder Frau, wenn Anima oder Animus unsere erotischen Gedanken anregen, sollten wir nie vergessen, dass die zugrundeliegende Kraft der Drang des Unbewussten ist, sich mit unserem Bewusstsein zu verbinden. Die Vereinigung der Persönlichkeit zeigt sich in der Bildersprache des Unbewussten als große Liebesgeschichte. Die Gegenpole in uns sind so weit voneinander entfernt, dass nur die große, einende Kraft des Eros sie zusammenführen kann. Das ist der gemeinsame Nenner, das grundlegende psychologische Faktum in allen Liebesbeziehungen, und für die Person, die Ganzheit erlangen möchte, ist das der wesentliche Faktor, den man nie außer Acht lassen darf.

Aus dem Besprochenen geht deutlich hervor, dass sexuelle Phantasien und Sehnsüchte eng mit inneren psychischen Vorgängen verbunden sind. An dieser Stelle ist ein Wort zur symbolischen Bedeutung solcher Phantasien angebracht.

Als Faustregel können wir annehmen, dass das, wonach wir sexuell verlangen, die symbolische Darstellung dessen ist, was wir zur Ganzwerdung benötigen. Das heißt, sexuelle Phantasien vervollständigen symbolisch das Egobewusstsein auf eine Weise, die uns zur Ganzheit führt. Das Verständnis der symbolischen Bedeutung unserer sexuellen Phantasien ermöglicht es uns, sie weniger zwanghaft zu betrachten, d.h. anstatt von ihnen getrieben und besessen zu werden, wird die Reichweite unseres Bewusstseins durch sie ausgedehnt.

Das einfachste Beispiel dafür, dass sexuelle Sehnsucht das verkörpert, was wir zur Ganzwerdung benötigen, ist das sexuelle Verlangen des Mannes nach der Frau und das Verlangen der Frau nach dem Mann. Bilder einer Frau scheinen in den sexuellen Phantasien des Mannes deshalb auf, weil sie seine fehlende Hälfte darstellt, die andere Seite der Persönlichkeit, mit der er sich verbinden muss, um Ganzheit zu erlangen, was umgekehrt auch für die Frau gilt. Das heißt nicht, dass dies die einzige Bedeutung sexueller Sehnsüchte darstellt; es besteht immer der Wunsch nach physischer Entspannung, nach Berührung von Körper zu Körper und nach Nähe und Vertrautheit, was ja durch Sexualität erreicht und ausgedrückt wird. Doch zu diesen Aspekten der Sexualität kommt noch eine geistige oder psychologische Bedeutung hinzu.

Sexuelle Phantasien sind meist komplex. Wir sehnen uns nicht einfach nach einem Mann oder einer Frau, sondern haben vom Objekt unserer Wünsche ganz bestimmte Vorstellungen. Möglicherweise sind unsere Wünsche von den verschiedensten romantischen Geschichten begleitet, oder vielleicht handelt es sich um Phantasien von Verführung oder Vergewaltigung. Es gibt unzählige Varianten von sexuellen Phantasien, und es ist ganz natürlich, wenn Menschen ausgeprägte Phantasien haben. Wird der Inhalt dieser Phantasien zu ungewöhnlich, nennen wir sie «Perversionen», doch es ist schade, wenn uns dies dazu veranlasst, sie ganz von der Hand zu weisen; statt dessen sollten wir verstehen, warum wir diese spezielle sexuelle Vorstellung haben, d.h. was diese Vorstellung symbolisch ausdrückt.

Edward C. Whitmont gibt uns in seinem Buch *The Symbolic Quest* [86] ein gutes Beispiel dafür, wie die ungewöhnliche sexuelle Phantasie eines Mannes genau jene Veränderungen symbolisierte, die er benötigte, um der Ganzheit wieder einen Schritt näher zu kommen. Whitmonts Klient war unfähig, mit einer Frau den Geschlechtsakt zu vollziehen, bevor er nicht ihre Füße geküsst hatte. Natürlich beunruhigte ihn diese sexuelle Vorstellung, und in irgendeiner Weise empfand er sich selbst als pervers. Die Analyse zeigte, dass dieser Mann ungewöhnlich stark mit seinem Intellekt identifiziert war und sich Frauen überlegen fühlte. Dementsprechend wertete er seine weibliche Seite sowie das Weibliche im Leben ab und entwickelte eine arrogante Männlichkeit. Wenn er den Fuß einer Frau küsste, musste er symbolisch den Kopf beugen. Seine sexuellen Phantasien und Wünsche zwangen ihn also dazu, symbolisch das zu tun, was er psychologisch erreichen musste, um der Ganzheit seiner Persönlichkeit näher zu kommen: Er musste die Herrschaft des Intellekts opfern, seine männliche Arroganz aufgeben und das, was er bisher unterschätzt hatte, verehren. Solange er die Bedeutung seiner sexuellen Vorstellungen nicht verstand, war er einfach zwanghaft mit ihnen beschäftigt und dazu getrieben, sie auszuführen, und erst als er verstand, was sie bedeuteten und warum er sie hatte, führte das zu einer Bewusstseinsveränderung, und er wurde in seinem Liebesleben freier und als Person vollkommener. Man könnte sagen, dass seine sexuelle Phantasie auftrat, um ihn von einer Fehleinstellung seines Bewusstseins zu heilen. Die sexuelle Phantasie war keine Krankheit; er selbst war einseitig, unausgeglichen in seiner Entwicklung,

---

[86] Edward C. Whitmont, *The Symbolic Quest* (Princeton, N.J.: Princeton University Press, 1978 edition), S. 20-23.

und das Unbewusste brachte diese Bilder hervor, um das zu korrigieren.

Adolf Guggenbuhl-Craig gibt uns ein weiteres Beispiel.[87] Einer seiner Klienten, ein Student, war mit der Polizei in Konflikt geraten, da er unter dem sexuellen Zwang litt, Damenunterwäsche zu stehlen. Eines Tages, berichtet Guggenbuhl, kam sein Klient triumphierend zu ihm und las ihm eine Stelle aus Goethes Faust vor, wo Faust der schönen Helena begegnet: Nach langer Suche trifft Faust endlich auf das schönste weibliche Wesen der Welt, nur um es wieder verschwinden zu sehen, und so steht er verlassen dort, mit ihrem Gewand und dem Schleier in Händen. Der junge Mann schloss aus der Geschichte, dass ihn die Vision des ewig Weiblichen ergriffen hatte, was für ihn in den Kleidungsstücken symbolisiert war, die seine sexuellen Vorstellungen beherrschten. Das Objekt seiner Wünsche war, kurz gesagt, nicht die Frau als solche, sondern das, was die Frau für ihn symbolisierte: das ewig Weibliche mit all seiner Erhabenheit und Göttlichkeit. Wie Faust hatte auch er einen Blick davon erhascht und war mit dem Kleid als Symbol in seiner Hand zurückgeblieben.

Eine andere häufige sexuelle Phantasie bei Männern mittleren Alters besteht in der Vorstellung, einer viel jüngeren Frau zu begegnen und eine sexuelle Beziehung mit ihr einzugehen. In vieler Hinsicht ist die Bedeutung solcher Phantasien offensichtlich, da jüngere Frauen physisch als attraktiver gelten. Doch auf einer tieferen Ebene drücken diese Wünsche die Schwierigkeit des Mannes aus, zu akzeptieren, dass er altert. Sie zeigen sein Verlangen, sich am Leben festzuhalten und das Vorrücken der Jahre zu verzögern, und in letzter Konsequenz

[87] *Guggenbuhl-Craig,* Die Ehe ist tot - lang lebe die Ehe, *S. 94.*

verkörpern sie die Sehnsucht nach Erneuerung des Bewusstseins und nach Unsterblichkeit. Die letztgenannten Wünsche sind natürlich durch keine sexuelle Beziehung erfüllbar, sondern durch den Kontakt mit dem Unbewussten, den die Anima ermöglicht, d.h. durch Individuation. Diese Phantasie drückt daher nicht so sehr ein physisches Verlangen aus, sondern vielmehr ein religiöses Bedürfnis.

All diese Vorstellungen sind eher unpersönlich, sie wirken in uns unabhängig von persönlichen Gefühlen oder Beziehungen zu einem bestimmten Menschen. Es handelt sich um eine Art unpersönlicher Sexualität, die mit persönlicher Liebe oder Zuneigung zu einem Sexualpartner verbunden sein kann oder auch nicht. Männer scheinen besonders dazu veranlagt, ihr Sexualleben von ihren Gefühlen zu trennen, während viel mehr Frauen erklären, dass ihnen das nicht möglich ist, dass ihre sexuellen Empfindungen - obwohl sie genauso intensiv wie die des Mannes sind, wenn nicht sogar intensiver - romantischer sind und sich mehr auf eine bestimmte Person richten, der sie sich nahe fühlen.

Gerade weil in sexuellen Phantasien so viel Symbolhaftes enthalten ist, nennt sie Adolf Guggenbuhl-Craig «Individuationsphantasien». In seinem Buch schreibt er: «Die Sexualität mit all ihren Variationen kann als eine Individuationsphase verstanden werden, eine Phantasie, deren Symbole so lebendig und wirksam sind, dass sie sogar unsere Physiologie beeinflussen ... Ich möchte noch einmal betonen, dass das sexuelle Leben, vor allem, wie es sich in Phantasien zeigt, ein intensiver Individuationsprozess in Symbolen ist. Diese Art des Prozesses muss respektiert und anerkannt werden.» Er vertritt auch die Ansicht, dass sexuelle Phantasien, die von der «Norm» abzuweichen scheinen, nicht pathologisiert werden sollten: «Die sexuellen Phantasien der Mehrzahl der Männer und Frauen sind wilder und bizarrer als das gelebte sexuelle Leben. Unglücklicherweise reagieren Analytiker und Psychologen auf solche Phantasien oft herablassend und pathologisierend. Ein Kommentar zu einer besonders lebhaften und abartigen sexuellen Phantasie eines Patienten mag folgender sein: «Dieser junge Mann, oder diese junge Frau, ist noch nicht beziehungsfähig. Er ist noch ganz das Opfer seines unmenschlichen sexuellen Triebes.»[8] [88] Diese geringschätzige Haltung der Therapeuten gegenüber sexuellen Phantasien erzeugt lediglich Schuldgefühle, Hemmungen und Isolation und hindert den Patienten daran, wichtige psychische Vorgänge offen zu untersuchen. Diese negative Haltung ist zumindest teilweise auf Freud zurückzuführen, der alle sexuellen Wünsche, mit Ausnahme ganz «normaler» Wünsche, als Symptome für eine Fehlentwicklung betrachtete. Heute gehen die Therapeuten zu einer aufgeschlosseneren Haltung über, die eine Vielzahl sexueller Phantasien als natürlich ansieht und die Schuldgefühle abzubauen versucht, obwohl das Ausleben einer sexuellen Phantasie natürlich eine andere Sache ist. Trotzdem gibt es auch heute unter den Therapeuten wenig Verständnis hinsichtlich der symbolischen Bedeutung solcher Phantasien, auch unter jenen, die fortschrittlicher orientiert sind als die Psychiater alter Prägung.

Was mit der sexuellen Energie geschehen soll, die durch unsere Phantasien geweckt wird, ist eine schwierige Frage. Wann, wo und wie Sexualität auszuleben ist, war immer

---

[88] Ibd., S. 92 – 93.

ein moralisches und gesellschaftliches Problem von großer Komplexität, und die verschiedenen Kulturen nehmen dabei verschiedene Standpunkte ein.

Das Christentum hat sexuelle Impulse immer besonders stark eingeschränkt, wie wir später noch im Detail sehen werden. Das führte in unserer Kultur zu einem eigenartigen Phänomen: Wir vermitteln den Kindern oft das Gefühl, Sexualität sei schlecht, doch zugleich geben wir den jungen Menschen jede Gelegenheit, mit diesem faszinierenden Instinkt zu experimentieren. Jeder Psychotherapeut hört von seinen Klienten Geschichten über sexuelle Kindheitserlebnisse, die von Heimlichkeiten und Schuldgefühlen gekennzeichnet waren, welche das Kind aus Angst vor Strafe oder wegen des unbestimmten, aber zwingenden Gefühls, etwas Schlechtes getan zu haben, vor den Eltern verbarg. Als Folge entwickelt sich in Zusammenhang mit Sexualität ein starkes Schuldgefühl, das den Instinktbereich beeinträchtigt. Im Gegensatz dazu hat die nordamerikanische Indianerkultur diesen Vorgang umgekehrt. In der indianischen Kultur wurde Sexualität als natürlich und rein angesehen, doch zugleich wurde sorgfältig darauf geachtet, dass junge Menschen sie erst zum Ausdruck brachten, wenn die Zeit dafür reif war. Zweifellos wurde damit viel seelischer Schaden verhindert. Auch in unserer Kultur verändert sich das Bild gegenwärtig. Christliche Strenge wird nun durch Freizügigkeit abgelöst; wo es vorher zu viel Einschränkung gab, existiert jetzt manchmal keine mehr. Man könnte sagen, die Verstopfung wurde von der Diarrhöe abgelöst, doch das eine war noch nie das Heilmittel für das andere. Zu viel Sexualität ohne Rücksicht auf Elemente wie Romantik, persönliche Beziehung und psychologisches Verständnis ihrer Bedeutung schadet dem spirituellen

Bereich ebenso sehr, wie zu viel Einschränkung dem Instinktbereich schadet. Natürlich beeinflussen beide Bereiche einander. Ein Mensch, dessen Instinktbereich geschädigt wurde, leidet früher oder später auch unter der Verkümmerung seiner Spiritualität, und eine Schädigung in diesem Bereich endet in einem ermatteten Instinktleben, das seine Dynamik verloren hat. Tatsächlich werden Männer manchmal impotent, wenn sie ihre Sexualität weiterhin ungezügelt ausleben, obwohl für sie die Zeit gekommen ist, etwas von ihrem sexuellen Verlangen für eine andere Bewusstseinsebene zu opfern. Denn Sinnlichkeit und Spiritualität sind keine getrennten Realitäten, beide beinhalten dasselbe Mysterium. Sexualität physisch auszudrücken kann das spirituelle Leben durchaus fördern; viele Menschen müssen das Feuer des Geistes durch Sinnlichkeit und andere Ausdrucksformen des Körpers, wie z.B. Tanz, entdecken und erleben. Andererseits lassen sich erotische Spannung sowie die Qualität des Sexuallebens steigern, indem man den physischen Instinkt mit der Entwicklung eines spirituellen Bewusstseins vereint.

Werden sexuelle Phantasien zwanghaft oder würde ihre konkrete Ausführung unsere wesentlichen persönlichen Beziehungen zerstören, müssen wir vielleicht größere Anstrengungen unternehmen, um die Energie solcher Phantasien durch besondere Vorgangsweise auf eine höhere Bewusstseinsebene zu bringen. Hier benötigen wir die Psychologie, um uns zum Verständnis der symbolischen Bedeutung Zugang zu verschaffen. Aktive Imagination, wie sie im Anhang dieses Buches beschrieben ist, kann bei dieser Aufgabe ebenfalls sehr hilfreich sein.

Ein Sonderfall sexueller Phantasien fällt in den Bereich

der Homosexualität,[89] und da Homosexualität bei Männern so häufig ist, möchte ich auf diese Phantasien näher eingehen.

Es wäre irreführend, von Homosexualität als einheitlichem Phänomen zu sprechen, da es zahlreiche Ausdrucksformen männlicher Sexualität gibt, die wir als homosexuell bezeichnen, die aber tatsächlich sehr unterschiedlich sind. Im allgemeinen sprechen wir von Homosexualität, wenn ein Mann sexuell-erotisches Verlangen nach einem anderen Mann oder nach dem männlichen Glied empfindet. Diese Wünsche treten jedoch in verschiedenster Form auf. Einige Männer sind ausschließlich homosexuell und haben nur mit Männern intime Beziehungen. Andere wiederum heiraten, haben Kinder und entwickeln ein befriedigendes heterosexuelles Leben, scheinen aber von Zeit zu Zeit vom Verlangen nach einer homosexuellen Erfahrung überwältigt.

Bei letzterem verliebt sich meist ein älterer Mann oder ein Mann mittleren Alters in einen jüngeren Mann, der die Attribute eines Adonis aufweist. Der junge Mann, der diese Liebe empfängt, scheint in sich sowohl männliche als auch weibliche Tugenden zu verkörpern. Charakteristisch ist sein starker, männlicher Körper, doch verfügt er auch über bestimmte weibliche Attribute und Grazie, die ihm eine bestimmte Schönheit und Frische verleihen. Er erscheint als junger David, als Antoninus[90] oder als junger Gott, nicht als einseitig männliche Person. Die meisten Männer projizieren ihre fehlende Hälfte, das weibliche Element, auf

---

[89] Ich werde meine Ausführungen auf männliche Homosexualität beschränken, da mein Wissen in diesem Bereich in Bezug auf Frauen nicht ausreicht.

[90] Der junge Liebhaber des römischen Kaisers Hadrian. Siehe Marguerite Yourcenar, *Memoirs of Hadrian* (New York: Strauss and Co., 1963).

eine Frau. Der Mann stellt dann die männliche, die Frau die weibliche Seite einer männlich-weiblichen Ganzheit dar. In dem Fall, den wir jetzt betrachten, verkörpert der junge Mann die Ganzheit, die Männliches und Weibliches in sich vereint. Der reale junge Mann selbst ist nicht diese vollständige Person, er ist nur Träger für die Projektion der androgynen Seele des älteren Mannes. Wenn die beiden Männer sich tatsächlich als menschliche Wesen kennenlernen, sind sie vielleicht zutiefst enttäuscht voneinander.

Es gibt also einige Männer, deren andere Seite, die für sie die Ganzheit darstellt, nicht von einer Frau verkörpert wird, sondern von dieser Gestalt des androgynen, göttlichen Jünglings. Marie-Louise von Franz schreibt dazu: «Derselbe Gedanke findet sich in der persischen Lehre über den Tod, die besagt, dass der Edle nach dem Tode entweder einem Jüngling begegnet, der genauso aussieht wie er selbst, ... oder einem fünfzehnjährigen Mädchen ..., und wenn er die Gestalt fragt, wer sie sei, erhält er zur Antwort: <Ich bin dein eigenes Selbst.>»[91]

Ein gutes Beispiel für diese Art homoerotischen Verlangens findet sich in Thomas Manns Novelle *Tod in Venedig.* Der Autor schreibt über den alternden Aschenbach, der sich in den jungen Tadzio verliebt hat, folgendes: «Seine Augen umfassten die edle Gestalt dort am Rande des Blauen, und in aufschwärmendem Entzücken glaubte er mit diesem Blick das Schöne selbst zu begreifen, die Form als Gottesgedanken, die eine und reine Vollkommenheit, die im Geiste lebt und von der ein menschliches Abbild und Gleichnis hier leicht und hold zur

---

[91] Marie-Louise von Franz, *Puer Aeternus* (Zürich, Spring Publications, 1970) S. IX-17.

Anbetung aufgerichtet war.»[92]

Eine solche Projektion des Selbst auf einen jüngeren Mann ist möglich, da das Selbstbild sich für den Mann entweder als älterer oder jüngerer Mann verkörpert, wie Marie-Louise von Franz in ihrem Buch *Das Weibliche im Märchen* aufzeigt.[93] Dies hilft uns auch die starke Bindung zu verstehen, die manchmal zwischen einem älteren und einem jüngeren Mann entsteht. Für den jungen Mann wird das Selbst vom älteren Mann getragen, der die positive Vaterfigur, Macht und Autorität des Selbst verkörpert. Für den älteren Mann wiederum trägt der jüngere das Selbst, er verkörpert den Sohn, den Eros und den Aspekt ewiger Jugend. Da diese Projektionen so numinos sind und die Sehnsucht nach einer Beziehung zum Selbst so groß ist, nimmt die Bindung zwischen ihnen leicht eine sexuelle Färbung an, und wir sehen darin eine homosexuelle Beziehung im üblichen Sinne. Möglicherweise nimmt die Beziehung tatsächlich diese Form an, doch ihr Kern ist die Sehnsucht nach Ganzheit, und die Energie für die Beziehung stammt aus dem tiefen Bedürfnis beider Männer, das in sich zu integrieren, was der andere darstellt.

Wir sehnen uns sexuell oft nach den Dingen, die uns in unserer bewussten Entwicklung fehlen. Im Fall des älteren Mannes, der sich nach dem jüngeren sehnt, handelt es sich meist um jemanden, der zu sehr mit dem Archetypus des «Alten» verbunden ist, also zu schnell altert, zu streng, zu intellektuell oder zu sehr in seinem Machtstreben verfangen ist. Also sehnt er sich nach dem Eros, nach dem Puer oder der ewigen Jugend, kurz, nach dem Geist, und zwar in Form einer symbolischen Gestalt, welche die bewusste

---

[92] Thomas Mann, *Tod in Venedig* (Fischer Taschenbuch, 1976), S. 42.

[93] Siehe *Das Weibliche im Märchen,* S. 149-150; für die Frau kann eine ältere oder jüngere Frau die Projektion des Selbstbildes tragen.

Einseitigkeit des Mannes aufwiegt und die Ekstase der Ganzheit verheißt.

Bei anderen Arten von Homosexualität ist nicht ein anderer Mann das Objekt sexuellen Verlangens, sondern die Sehnsucht nach Kontakt mit dem männlichen Glied. Der Mann, bei dem dieses homoerotische Verlangen von Zeit zu Zeit auftritt, führt sonst ein ganz normales heterosexuelles Leben. Oft symbolisiert diese Sehnsucht das starke Bedürfnis nach Verbindung mit dem Selbst - dargestellt durch den Phallus, Symbol des kreativen, männlichen Geistes -, und sie dringt meist dann in das Bewusstsein des Mannes, wenn er sich besonders erschöpft oder niedergeschmettert fühlt und er Heilung und Synthese seines Ego durch den Kontakt mit dem Selbst sucht. Möglicherweise ist es auch der Ausgleich dafür, dass er seiner inneren Frau und auch der Frau im äußeren Bereich zu sehr ausgesetzt war, denn der Mann empfindet die Frau als gefährlich und muss, um seine Beziehung zu ihr aufrechtzuerhalten, von Zeit zu Zeit seine Männlichkeit erneuern und festigen.

Gewöhnlich findet sich bei all den Männern, die eben beschrieben wurden, ein jahrelanges ungelöstes Problem im Bereich der Zuneigung im Hintergrund. Häufig gab es zu wenig Liebe zwischen Mutter und Sohn oder dann jene falsche Art besitzergreifender oder überwältigender Liebe. Gleichermaßen ausschlaggebend kann auch der Mangel an Vaterliebe sein, denn es gibt eine Zeit im Leben eines Jungen, in der er die Liebe seines Vaters ersehnt und benötigt und auch physische Zeichen seiner Zuneigung braucht. Hinter der zuletzt beschriebenen homoerotischen Sehnsucht steht meist ein Mangel an Zuneigung zwischen Vater und Sohn. Entweder war kein Vater vorhanden, oder er war unfähig, Zuneigung zu zeigen, oder er hasste den

Jungen und lehnte ihn ab, oder er war ein so schwacher Mann, dass seine Liebe nicht erstrebenswert schien. Diese unerfüllten Bedürfnisse im Bereich männlicher Zuneigung schaffen Unsicherheit im heranwachsenden Ego des Jungen in Bezug auf seine eigene Männlichkeit, denn männliche Identifikation entwickelt sich bei einem Jungen teilweise aus der Identifikation mit seinem Vater und dem daraus erwachsenden Gefühl, dass er in die Welt der Männer als Mann unter Männern aufgenommen ist.

Dieses Bedürfnis ist besonders groß, wenn der Animus der Mutter sich in einer Weise auf den Jungen richtet, die ihn von seiner aufkeimenden, noch jungen Männlichkeit trennt. Marie-Louise von Franz[94] wies darauf hin, dass die Frau bei ihren Bemühungen, den Jungen zu sozialisieren, ihrem Animus vielleicht so viel Raum lässt, dass er den Jungen zu stark von seiner aufkeimenden Männlichkeit abschneidet - jener jungenhaften Männlichkeit, die Schmutz ins Haus trägt, Schimpfwörter benutzt und wie ein kleiner Gockel umher stolziert. Diese «erdhaften» Ausbrüche des Jungen sind für die Mutter auf der sozialen Ebene schwer zu akzeptieren, doch enthalten sie gerade die Samen für den positiven Verlauf der nachfolgenden männlichen Entwicklung. Sehr oft unterdrückt der Animus der Mutter diese Zeichen von Männlichkeit ganz stark, und besonders bei einem sensiblen Jungen besteht die Gefahr, dass er als Folge den Kontakt zu dieser Seite seiner selbst verliert. Eine zu strenge religiöse Erziehung fördert diesen Prozess noch, indem sie Werte wie Güte, Versöhnung etc. zu einem Zeitpunkt überbetont, da es dem Jungen noch nicht gelungen ist, Vertrauen in seine aufkeimende

---

[94] Marie-Louise von Franz, *A Psychological Interpretation of The Golden Ass of Apuleius* (Zürich, Spring Publications, 1970), S. XIII-10 ff. und II-3 ff. Siehe auch *Puer Aeternus*.

männliche Tapferkeit zu gewinnen.

So spiegeln sich die unerfüllten Bedürfnisse einer in ihren Anfängen gestörten männlichen Entwicklung und der unerfüllte Wunsch nach männlicher Zuneigung, die der Vater nicht gewährte, später vielleicht in der sexuellen Sehnsucht nach Nähe zu anderen Männern. Frauen werden gemieden, da der Mann die sexuelle Macht der Frau, ihre Emotionalität und ihren Animus furchtet, was sich nur durch genügend Vertrauen in seine chthonische, instinktive männliche Seite ausgleichen lässt.

Aus diesem Grunde werden in primitiven Kulturen die jungen Männer während der Pubertät durch andere Männer in eine ausschließlich männliche Welt initiiert, und zwar durch Mutproben und geheime Riten. Frauen ist es verboten, diesen Männlichkeitsriten beizuwohnen, vermutlich nicht nur, weil sie einen mildernden Einfluss ausüben könnten, sondern auch, weil sie lachen könnten, was das männliche Selbstwertgefühl, das der Junge unbedingt aufbauen muss, verletzen würde. In diesen Riten muss der Junge Mutproben bestehen und Schmerz ertragen, was der Stärkung seines Ego dient, und zusätzlich erfolgt auch die Übertragung der spirituellen Lehre des Stammes, die von den älteren Männern an die jüngeren weitergegeben wird. So gelangt der Junge in den Besitz jener Geheimnisse, die nur den Männern bekannt sind. (Eine analoge Lehre wird bei weiblichen Initiationsriten von den älteren Frauen an die jüngeren weitergegeben.) Erst nach seiner Einführung in die ausschließlich männliche Welt ist der junge Mann bereit für den Kontakt mit der faszinierenden, doch gefährlichen Welt der Frauen. Unsere gegenwärtige Kultur bietet keine derartigen Initiationsriten, und vieles, was wir Homosexualität nennen, entspricht dem Versuch, das psychische Bedürfnis, das durch diesen Mangel entstanden ist, zu erfüllen.

Wir haben nun Arten der Homosexualität betrachtet, die eine unvollständige männliche Entwicklung oder die Projektion des Seelenbildes in androgyner Form darzustellen scheinen. Bei anderen Formen jedoch scheint die Anima die beherrschende Rolle zu spielen, da sie mehr oder weniger die Kontrolle über das Ego des Mannes übernommen hat, das heißt, die Eigenschaften der Anima haben sich sozusagen mit denen des Mannes vermischt, und es ist eine Art verweiblichtes männliches Ego entstanden, was dann zur sogenannten «klassischen» Homosexualität führt. Während der Mann sein Ego gewöhnlich mit Männlichkeit identifiziert oder dies zumindest versucht, hat dieser Typus Mann sich geweigert oder als unfähig erwiesen, die männliche Identifikation durchzuführen, und folglich weist seine Ego-Struktur hermaphroditische Züge auf. In seiner Ego-Psychologie spielt daher die Anima die beherrschende Rolle. Unter diesen Bedingungen sind heterosexuelle Beziehungen nicht denkbar, da die Gegensätze sich nicht vereinen können, bevor sie getrennt und voneinander unterschieden werden. Homosexuelle Beziehungen sind daher für diesen Mann die Norm.

Diese Männer haben jedoch viele positive Eigenschaften. Sie sind meist sehr sensibel, im Gespräch zugänglich, haben etwas Sanftes, Heilendes an sich und verfügen über künstlerische Neigungen. In primitiven Gemeinschaften waren viele Schamanen homosexuell, und auch heute gibt es Menschen mit heilenden Gaben, die homosexuelle Veranlagungen zeigen. Was die negative Seite anbelangt, sind sie oft reizbar, übersensibel und wankelmütig, was langfristige intime Beziehungen schwierig macht.

Die nordamerikanischen Indianer hatten für diese Art der

Homosexualität die beste Erklärung, die ich kenne, auch wenn sie eher in mythologische und nicht in wissenschaftliche Begriffe gekleidet ist. Nach indianischer Überlieferung erschien der Mond einem Jungen während der Pubertät und bot ihm in einer Hand Pfeil und Bogen an, in der anderen den Tragriemen einer Frau.

Wenn der Junge zögerte, Pfeil und Bogen an sich zu nehmen, gab ihm der Mond den Tragriemen. Diese jungen Männer wurden zu «Berdachen» oder Homosexuellen. Sie trugen besondere Kleidung und erfüllten im Stamm besondere Aufgaben, wie beispielsweise die Ehevermittlung. Sie zogen auch nicht wie die anderen jungen Männer in den Krieg, sondern sorgten für die Verwundeten. Die Berdachen waren in der indianischen Gesellschaft vollkommen akzeptiert; sie wurden weder lächerlich gemacht noch verachtet, sondern einfach als eine besondere Art Mann betrachtet. [95] In psychologischer Sprache bedeutet das, dass ein Mann, der nicht nach Pfeil und Bogen greift, um sich mit seiner Männlichkeit zu identifizieren, in die Hände der Anima fällt.

Es gibt wenige überzeugendere Beweise für die Realität der Anima in einem Mann als in diesen Formen der Homosexualität, in denen die Präsenz der weiblichen Kraft so offensichtlich ist. In Gehabe und Kleidung, in der Sprache, die in der Subkultur entsteht, die solche Männer für sich schaffen, ja sogar in angenommenen weiblichen Namen legen diese Männer die Existenz der Anima offen. Vielleicht wird eine bestimmte Anzahl von Männern jeder Generation vom Unbewussten dazu ausersehen, ein Leben in dieser hermaphroditischen Weise zu leben. Es ist ihnen bestimmt, sich nicht mit der Rolle eines «einseitigen

---

[95] Siehe *Indians* (Alexandria, Va.: Time-Life Books, 1973), S. 129.

Geschlechtswesens zu identifizieren», wie Jung es einmal ausdrückte,[96] vielleicht um uns daran zu erinnern, dass niemand ausschließlich männlich oder weiblich ist, sondern jeder von uns eine androgyne Natur besitzt.

Es gibt aber auch heterosexuelle Männer, die dem weiblichen Archetypus ebenfalls sehr nahe stehen. Diesen Männern ist es gelungen, die männliche Identifikation durchzuführen, ihre sexuellen Gefühle und ihr Bedürfnis nach Liebe richten sich auf Frauen, doch der weibliche Archetypus scheint für sie ungewöhnlich numinos zu sein und erscheint in ihrer Psyche besonders stark. Auch hier sind es häufig sensible Männer mit künstlerischen Neigungen und der Begabung zum Heilen, obwohl ihre Nähe zur Anima sich in ungewöhnlichen sexuellen Phantasien ausdrücken kann. Diese Phantasien sollten, wie Guggenbuhl-Craig ausführt,[97] nicht als pervers betrachtet werden, da sie Ausdruck einer potentiell sensiblen und differenzierten Persönlichkeit sind. Bei diesen Männern, den Dres. Schiwagos unserer Gesellschaft, scheint das Bedürfnis vorhanden, in die Bedeutung und das Mysterium des Weiblichen auf all seinen Ebenen eingeweiht zu werden. Sie sind dazu berufen, Frauen zu verstehen, das Weibliche in sich selbst zu begreifen, weibliche Werte im Leben anzuerkennen und ihnen Bedeutung beizumessen und eine direkte und persönliche Erfahrung des Unbewussten zu durchleben. Somit werden sie zu Eingeweihten der Großen Göttin. Eine derartige Initiation in die Bedeutung des Weiblichen verweiblicht diese Männer nicht, denn indem sie das Weibliche verstehen, unterscheiden sie es auch von sich selbst. Ihr Ego bleibt

[96] Jung *GW* 9, I, S. 86.

[97] Die Ehe ist tot — lang lebe die Ehe, *S. 88.*

männlich, erfährt aber durch diese Einweihung einen differenzierteren Bewusstseinszustand.

Diese Beispiele zeigen, dass der psychische Einfluss der Anima bei einigen Männern stärker ist als bei anderen. Aufgrund ihrer Numinosität übt die Anima auf die Psyche bestimmter Männer einen tiefgreifenden Einfluss aus, was diese dazu bestimmt, ein besonderes Leben zu führen, in dem eine außergewöhnliche Form der Selbsterkenntnis von ihnen gefordert wird.

Gerade das numinose Element, das die Anima einbringt, kann in die Sexualität übergehen und das Bindeglied zwischen Sexualität und Religion bilden. In der Sprache vergangener Zeiten ausgedrückt, würde man sagen, dass ein Gott oder eine Göttin auf den Plan getreten ist, sobald sexuelle Anziehung numinos wirkt, und in der Sprache der Psychologie, dass ein Archetypus Faszination auf uns ausübt. Aus diesem Grunde suchen wir in der Sexualität nicht nur die Befriedigung physischer Bedürfnisse, die Lösung physischer Spannungen und manchmal die geistige Intimität mit anderen Menschen, sondern sie kann auch Ausdruck unserer Sehnsucht nach Ekstase sein, d.h. nach einer Erweiterung des engen Ego-Bewusstseins durch den Kontakt mit dem Göttlichen. Befindet sich unser Bewusstsein jedoch auf niedriger Ebene, kommt der religiöse Impuls, den die Sexualität beinhaltet, nicht zum Tragen. Im schlimmsten Fall führt es nur zum Ausdruck von Gier und egozentrischen Wünschen, aber nicht zur Erfüllung unseres Bedürfnisses nach Ekstase. Damit die religiöse Seite der Sexualität ihre Erfüllung findet, müssen wir uns zu den archetypischen Kräften unseres sexuellen Verlangens richtig in Beziehung setzen. Wir müssen sie «verehren», indem wir ihnen angemessene und bewusste Aufmerksamkeit schenken.

Die Verbindung zwischen Sexualität und Religion führt Adolf Guggenbuhl-Craig zu einer interessanten Beobachtung. Während Freud zu beweisen versuchte, dass Religion eine Sublimation von Sexualität sei, scheint die Annahme, dass Sexualität in ihrem Kern Ausdruck des religiösen Strebens - d.h. des Strebens nach Ekstase und Ganzheit - der Menschheit ist, eher der Wahrheit zu entsprechen. Er schreibt:

> Freud versuchte auf großartige Art und Weise alle sogenannten höheren Aktivitäten des Menschen, wie Kunst, Religion und so weiter, als sublimierte Sexualität zu verstehen. Wir können versuchen, umgekehrt vorzugehen und zu fragen: Kann die gesamte Sexualität vom Gesichtspunkt der Individuation - respektive der religiösen Strebungen - erfasst werden? Sind massiv sexuell gefärbte Liebeslieder von Nonnen des Mittelalters wirklich Ausdruck frustrierter Erotik? Haben die vielen modernen Schlager und alten Volkslieder, die auf sentimentale Art und Weise von Liebe und Abschied singen, nur mit ungelebter Sexualität zu tun? Oder sind beides symbolisierte Ausdrucksformen von Individuationsvorgängen und religiösem Suchen?[98]

Bis jetzt ist in dieser Diskussion über Sexualität und sexuelle Phantasien nur wenig von Liebe die Rede gewesen. Ich habe zwar von Verliebtheit gesprochen, aber nicht von Liebe im Sinne von zwei Menschen, die persönliche Anteilnahme füreinander empfinden. Ich werde später noch einiges zum Thema Liebe sagen, doch der Kern der Sache ist, dass Liebe ein großes, unfassbares Mysterium ist. Wir können psychologisch beschreiben, was geschieht, wenn wir «verliebt» sind, und bis zu einem gewissen Grad können wir dieses Phänomen auch erklären.

---

[98] Ibid., S. 90.

Ebenso können wir Sexualität in ihrer objektiven, unpersönlichen Wirkweise betrachten. Doch warum ein menschliches Wesen ein anderes wirklich lieben sollte, warum wir tatsächlich fähig sind, für eine andere Person Anteilnahme zu empfinden, bis hin zur Opferbereitschaft, das ist ein großes Geheimnis. Wenn ich auf die Liebe nicht näher eingegangen bin, so nicht deshalb, weil sie unwichtig wäre; sie ist sogar so wichtig, dass eine psychologische Abhandlung oder Erklärung über sie Geringschätzung und nicht Wertschätzung ausdrücken würde. Nachdem nun alles gesagt und getan ist, nach all den Gedanken über Verliebtheit, Sexualität, Phantasien und Projektionen, werden wir zum Schluss mit einer Sache konfrontiert, über die wir praktisch nichts wissen: die menschliche Liebe.

Ein weiterer Grund, warum über Liebe in einem Buch wie diesem kaum etwas gesagt werden kann, ist ihre höchst individuelle Natur. Verallgemeinerungen waren für mich in dieser Betrachtung unvermeidbar, doch letztlich ist der Ausdruck von Eros immer eine individuelle Sache. Wie von Franz einmal meinte, kann kein Problem in der Liebe gelöst werden, indem man ein allgemeines Prinzip verfolgt: «Wenn es eine Lösung gibt, kann sie nur einzigartig sein, von Mensch zu Mensch verschieden, individuell für jede Frau und jeden Mann. Der Eros ist im Grunde nur dann sinnvoll, wenn er ganz dem Individuellen gerecht wird.»[99] So ist es mir zwar möglich, gewisse allgemeine Erklärungen über Projektion, Übertragung, Sexualität usw. abzugeben, aber unmöglich, allgemeine Erklärungen zum Mysterium menschlicher Liebe anzubieten. In letzter Konsequenz haben Poeten und Romanciers mehr über die Liebe zu sagen als die Psychologen, denn sie sprechen das

---

[99] Von Franz, *The Golden Ass,* S. XIII—

Unaussprechliche aus, sie beschreiben individuelle Personen und ihre Probleme in der Liebe, individuelle Lösungen und Fehlschläge, und das entspricht auch dem Leben und dem Eros.

Ich habe die Rolle des weiblichen Archetypus in der Psyche des Mannes geschildert. Nun gibt es noch einiges darüber zu sagen, wie verschieden der weibliche Archetypus in der Psyche der Frau auftreten und somit verschiedene Arten von Persönlichkeit schaffen kann. In einem Aufsatz mit dem Titel «Strukturformen der weiblichen Psyche» beschrieb die verstorbene Zürcher Analytikerin Toni Wolff[100] vier Frauentypen: die Mutter, die Hetäre, die Amazone und das Medium bzw. die Mittlerin. Toni Wolff meint, dass sich zwar in jeder Frau alle vier Typen verkörpern, jedoch einer oder mehrere stärker ausgeprägt sind, und diese primäre Identifikation gibt der Persönlichkeit der Frau eine bestimmte Form.

Die Frau, die sich hauptsächlich mit der *Mutter* identifiziert, findet ihre primäre Identität und Erfüllung in der Erhaltung des Lebens, in Schwangerschaft und Kindererziehung, denn dazu fühlt sich diese Frau am meisten hingezogen. Heiratet sie, sind ihr die Kinder meist wichtiger als der Ehemann. Sie ist für den Menschen sehr wertvoll, da sie das Leben hegt und pflegt, was aber auch eine negative Seite haben kann, denn in ihrem Bedürfnis, Mutter zu sein, verzögert sie vielleicht unbewusst die Entwicklung ihrer Kinder, indem sie sie zu lange festhält; oder sie heiratet einen seelisch verkrüppelten Mann, so dass auch er ein Kind für sie ist.

Das Wort *Hetäre* bezieht sich auf jene Frauen im alten Griechenland, deren Ausbildung darauf ausgerichtet war,

---

[100] Edward Whitmont bietet ebenfalls eine gute Zusammenfassung in seinem Buch *The Symbolic Quest,* S. 178—181.

den Männern geistige Gefährten zu sein. Dieser Frauentyp findet seine primäre Identität und Erfüllung im Aufbau von Beziehungen zu Männern. Diese Beziehungen können sexuelle Liebe beinhalten oder auch nicht, sicherlich aber schließen sie geistige Verbindungen auf allen Ebenen ein. Der Instinkt dieser Frau verbindet sich mit einem Mann und bringt seinen Eros zum Vorschein. Männer schätzen diese Frauen meist sehr, da sie die Gabe besitzen, im Bereich zwischenmenschlicher Beziehung und Liebe eine Entwicklung auszulösen, die ihnen sonst versagt bliebe. Es besteht jedoch immer die Gefahr, dass diese Frau keine dauerhafte Beziehung herstellen bzw. aufrechterhalten kann, dass sie ständig von einem Mann zum anderen wechselt, immer wieder eine Beziehung beginnt, aber unfähig ist, sie angesichts der Widrigkeiten des Lebens durchzustehen. Es ist wohl unnötig zu erwähnen, dass diese Frauen bei Männern meist beliebter sind als bei anderen Frauen.

Die *Amazone* ist jene Frau, die ihre primäre Identität und Erfüllung in der äußeren Welt findet. In unserer Gesellschaft ist das meist irgendeine Karriere. Sie leistet dasselbe wie die Männer, ist begabt, scharfsinnig, geschickt bei ihrer Arbeit und hat in der Gesellschaft eine wichtige Funktion als Ärztin, Wissenschaftlerin, Beamtin, Sekretärin oder was es auch sein mag. Viele bewunderte Frauen gehören zweifellos zu diesem Typ Frau, angefangen bei Königin Elisabeth I. bis zu Susan B. Anthony. Die Gefahr für eine solche Frau besteht darin, dass sie in ihrer Orientierung zu männlich werden kann und den Kontakt zu ihrer weiblichen Natur verliert.

Das *Medium* oder die Mittlerin ist am schwierigsten zu beschreiben, da wir in unserer Gesellschaft für eine solche Frau keinen bestimmten Platz haben. Diese Frauen finden ihre primäre Identität und Erfüllung, indem sie eine Beziehung zum kollektiven Unbewussten herstellen und sozusagen eine Brücke zwischen der menschlichen Gesellschaft und dem kollektiven Unbewussten bilden. Unter ihnen finden wir Hellseherinnen, Mystikerinnen, Heilerinnen, Poetinnen und Frauen mit übersinnlichen Fähigkeiten. Meist betrachten wir sie mit demselben Misstrauen, das wir auch dem Unbewussten gegenüber empfinden. In anderen Kulturen sind solche Frauen vermutlich Priesterinnen, Prophetinnen, Schamaninnen oder Sibyllen gewesen. In unserer Kultur gibt es nur wenig Platz für sie, und da ihre oft beachtlichen geistigen Fähigkeiten keine Erfüllung finden, ist es für sie schwierig, sich in eine gesellschaftlich eher anerkannte Funktion im Leben zu fügen; denn oft fühlt sich diese Frau durch die Nähe zum Unbewussten überwältigt. Dieser Typ Frau hat vielleicht einen wichtigen Beitrag zur Heilung der Menschheit zu leisten. Jeanne d'Arc gehörte zweifellos zu diesen Frauen, aber auch die sogenannte Hexe von Endor, die König Saul von seiner Feigheit heilte und ihn hinaus sandte, um wie ein Mann und Held zu sterben.[101] Werden diese Gaben jedoch nicht durch eine bestimmte Wissenschaftlichkeit oder psychologische Einsicht ausgeglichen, kann diese Frau Opfer von Inflation oder wilden Spekulationen werden.

Es zeigt sich, dass die Mutter und die Hetäre persönlich orientiert sind und Menschen und Beziehungen für sie am wichtigsten sind. Die Amazone und die Mittlerin sind eher unpersönlich orientiert, wobei erstere zur äußeren Welt und letztere zur Welt der Psyche in unpersönlicher Beziehung steht.

Es ist auch möglich, dass eine Frau zuerst einen Teil

[101] I Sam. 28.

ihrer selbst erfüllt und später einen anderen Teil auslebt, also beispielsweise zuerst als Mutter ihre Erfüllung findet und später die Amazone oder die Hetäre in sich erwachen fühlt, die ebenfalls Befriedigung fordern. Spannungen innerhalb einer oder mehrerer dieser Strukturformen, welche sich offensichtlich gegenseitig bekämpfen können, können die psychologische und gesellschaftliche Situation der Frau stark erschweren.

Dazu kommt, dass Männer, die ihre Frauen nur als Mütter und Ehefrauen sehen, nur schwer eine Frau verstehen und akzeptieren, die erkannt hat, dass sie auch als Amazone oder Mittlerin ihre Erfüllung finden muss. Der verheiratete Mann, der diesen Drang seiner Frau zu unterdrücken versucht, kann nur Probleme und Unannehmlichkeiten als Ergebnis erwarten. Gelingt es ihm aber, diese andere Seite seiner Frau zu akzeptieren, falls sie sich bemerkbar macht, ist er schließlich mit der Liebe einer ganzheitlicheren und erfüllteren Frau gesegnet.

Bei diesen verschiedenen Frauentypen ist auch der Animus von unterschiedlicher Bedeutung oder zeigt sich zumindest von unterschiedlicher Art. Er scheint in der Amazone die stärkste Kraft zu sein, wobei sie Gefahr läuft, sich zu sehr mit ihrer männlichen Seite zu identifizieren. In der Hetäre spielt er wohl die geringste Rolle, obwohl er auch bei ihr in der Erbarmungslosigkeit sichtbar wird, mit der sie ihre Ziele in Liebesbeziehungen verfolgt.

Die Hetäre wirft eine interessante Frage auf: Gehört die Anima als Eigenart nur zum Mann? Oder beschreiben die Begriffe Anima und Animus weibliche und männliche Elemente sowohl in Männern als auch Frauen?

So wie Jung diese Begriffe verwendete, gebrauchte er Anima für die weiblichen Eigenschaften des Mannes und Animus für die männlichen Eigenschaften der Frau. Er schrieb darüber: «Die Anima als ein Femininum ist ausschließlich eine das männliche Bewusstsein kompensierende Figur.» [102] Wendet man jene Art Parallеldenken an, das die Jungianer so lieben, dann gilt folglich dasselbe für den Animus: Er ist ausschließlich eine Gestalt der weiblichen Psyche, die Verkörperung ihres männlichen Elements, das ihr weibliches Bewusstsein ausgleicht. Die Idee ist also folgende: Die Frau *ist* weiblich, und der Mann *ist* männlich, es ist also nichts anderes als eine Bezeichnung des gegengeschlechtlichen Aspekts, der das Unbewusste regiert.

James Hillmann zweifelt diese These jedoch in den bereits erwähnten Spring-Publikationen an. In seiner Beweisführung, dass der Begriff der Anima nicht nur auf das männliche Geschlecht angewendet werden könne, was entsprechend auch für den Animus gilt, vertritt Hillmann die Ansicht, dass die Anima ein Archetypus ist, und «ein Archetypus als solcher kann nicht in der Psyche eines Geschlechts lokalisiert bzw. nur einem Geschlecht zugeschrieben werden». [103] Er argumentiert, dass die Anima als Archetypus vom Begriff der Gegengeschlechtlichkeit gelöst werden sollte, d.h. dass sie das weibliche Gegenstück zum männlichen Bewusstsein sei, denn sie trifft genauso auf die Psychologie der Frau zu. Es scheint also, dass auch die Frauen die Anima entdecken müssen, die elementare weibliche Seele in ihnen, und dass die vielen Klagen der Frauen über ein inneres Gefühl der Leere darauf hinweisen, dass im Seelenbereich ein Mangel vorliegt. Man kann nicht behaupten, die Frau habe allein durch ihre Geburt Seele; auch sie muss die Seele (Anima)

---

[102] Jung, *GW* 7, Absatz 328.
[103] James Hillman, «Anima», S. 111.

finden, welche die Quelle ihres inneren Lebens ist. Und so wie der Mann Geist und Logos bis zum Ausschluss seiner weiblichen Seite entwickeln und damit seine Seele verlieren kann, kann auch die Frau den Animus (Geist) entwickeln und dabei ihre Seele ausschließen. Viele Frauen, die eine akademische Laufbahn und männlich orientierte Ziele verfolgen, so Hillmann, leiden heute unter genau demselben Problem wie Männer: Verlust der Anima oder Seele.

Im Bereich der Psychotherapie ist das ein besonders schwieriges Problem. Vor allem müssen die Psychotherapeuten «Seele» haben, um ihren Patienten helfen zu können. Die Ausbildung des Therapeuten, sei er nun Psychiater, Psychologe oder eine andere Art Berater, bringt gerne eine einseitige, kollektivistische Persönlichkeit hervor, deren Bewusstsein in eine rationalistische Zwangsjacke gebunden wurde, so dass am Ende der Kontakt mit der Anima oder Seele verlorenging.

Die sogenannte Anima-Frau scheint Hillmanns Auffassung zu bestätigen. Die Anima-Frau ist eine Frau, die es besonders gut versteht, die Anima-Projektion des Mannes aufzunehmen und zu spiegeln. Man behauptet, dass sie die Anima des Mannes fängt, spiegelt und nachahmt, was den Mann fasziniert und reizt. Es wird auch behauptet, dass diese Frau anstelle ihrer eigenen, echten Persönlichkeit die Anima des Mannes für ihn auslebt, während sie selbst wie ein leeres Gefäß ist. Hillmann ist jedoch der Ansicht, dass eine solche Frau durchaus kein leeres Gefäß ist, sondern dass sie der elementaren Weiblichkeit, die wir Anima nennen, sehr nahe kommt. Sie besitzt Anima und strahlt sie als eine eigene Qualität aus, sie empfängt die Animaprojektionen der Männer, da sie selbst Anima ist. Die scheinbare Leere, setzt er fort, «würde man als authentische archetypische Manifestation der Anima in einer ihrer klassischen Formen betrachten, als Jungfrau, Nymphe oder Kore, die Jung so treffend beschrieb (GW 9,1, Absatz 311), wo er auch feststellt, dass sie oft als Frau erscheint».[104] Was einer solchen Frau fehlt, ist nicht Persönlichkeit, denn diese ist durch die Anima-Qualität definiert, besonders in ihrem mädchenhaften Aspekt, sondern der Mangel besteht in ihrer Unfähigkeit, ihre Individualität zu differenzieren. Sie ist in Gefahr, zu eng mit einem Archetyp verknüpft zu bleiben, wodurch sie keine individuelle Verbindung zu ihrer ausgeprägten Anima-Natur erreicht.

Jung selbst schien zu fühlen, dass Anima eine Qualität ist, die Frauen ebenso besitzen wie Männer, was sich in einem Brief ausdrückt, den er 1951 an Fr. Victor White über eine außergewöhnliche Klientin schrieb:

> Ich habe Mrs. X gesehen, eine wahre Augenweide und noch etwas mehr! Wir hatten ein interessantes Gespräch, ich muss schon sagen: Sie ist bemerkenswert! Wenn je eine Frau Anima war, dann sie, und daran gibt es nichts zu rütteln!
>
> In solchen Fällen bekreuzigt man sich am besten, denn die Anima, und noch dazu solch ein Inbegriff der Anima, wirft einen metaphysischen Schatten, lang wie eine Hotelrechnung, und birgt Dinge, die kein Ende nehmen und auf wunderbare Weise zusammenstimmen. Sie ist nicht festzulegen und nicht einzuordnen. Man wird nicht klug aus ihr. Darauf war ich nicht gefasst. Wenigstens verstehe ich jetzt, warum sie von Derby-Siegern träumt: Das passt genau zu ihr! Sie ist überhaupt ein synchronistisches Phänomen, und man kann sie ebenso wenig fassen wie das eigene Unbewusste.
>
> Ich finde, Sie sollten St. Dominicus danken, dass er einen Orden gründete, dem Sie angehören. Bei solchen Gelegenheiten ist man

[104] Ibid., S. 118.

> dankbar, dass es Klöster gibt. Dass sie ihre Psychologie nur aus Büchern lernte, ist ausgezeichnet; jeden anständigen und kompetenten Analytiker hätte sie erschlagen. Ich hoffe aufrichtig, dass sie weiter von Derby-Siegern träumt, denn Menschen wie sie brauchen Geld, um sich über Wasser zu halten.[105]

Wir wissen nicht, wer diese bemerkenswerte Frau ist, die Dr. Jung und Fr. White so beeindruckte. Offensichtlich verfügt sie über eine schwer fassbare, deutlich weibliche Eigenart, sozusagen eine unverfälschte Seele, und in diesem Fall wird das nicht von einem Mann auf sie projiziert; vielmehr gehört das zu ihr als Frau. Dies würde Hillmanns These bestätigen, dass «Anima» richtigerweise eine elementare weibliche Qualität in Männern und Frauen gleichermaßen beschreibt, und «Animus», nach Jungscher Symmetrie, eine elementare männliche Qualität. Dies entspricht auch der chinesischen Betrachtungsweise, nach der die psychische Energie zwischen zwei Polaritäten fließt. Wie ich bereits erwähnte, stellen sich die Chinesen Yang und Yin als allgegenwärtige, kosmische Pole von gleicher Gewichtigkeit und gleichem Wert vor. Die alte chinesische Schrift *Tai I Gin Hua Dsung Dschi* z.B. sprach von der Po-Seele und Hun-Seele, die weiblich bzw. männlich sind, und stellte fest, dass in jedem Wesen beide vorhanden sind.

Ein interessanter Abschnitt in Esther Hardings Buch *Frauenmysterien - einst und jetzt* zeigt ebenfalls, dass in Frauen wie in Männern eine elementare weibliche Qualität vorhanden ist, die am treffendsten mit «Anima» bezeichnet wird. Harding beschreibt die Anima im Mann zuerst als einen «weiblichen Naturgeist», welcher die Merkmale einer dämonischen, nicht menschlichen Mondgöttin aufweist und dem Mann die direkte Erfahrung des nicht

---

[105] C. G. Jung, *Briefe* 1946-1955 (Walter Verlag, Olten), S. 231.

menschlichen Eros in all seiner herrlichen wie auch furchterregenden Macht vermittelt. Sie setzt fort:

> Bei einer Frau ist die Lage etwas anders. Meist erfährt sie das weibliche Prinzip nicht direkt in seiner dämonischen Form. Es wird ihr durch die eigene Weiblichkeit und die gefühlsmäßig entwickelte Hinwendung zum Leben vermittelt. Nimmt sie sich jedoch lange genug Zeit, um nach innen zu blicken, wird sie auch Impulse und Gedanken gewahren, die nicht mit ihren bewussten Haltungen übereinstimmen, sondern das direkte Ergebnis des rohen und ungezähmten weiblichen Wesens in ihr sind. Meist wird eine Frau aber diese dunklen Geheimnisse ihrer eigenen Natur nicht betrachten. Es ist für den bewussten Charakter, den sie sich aufgebaut hat, unterminierend und schmerzhaft; Lieber denkt sie, sie ist so, wie sie zu sein scheint. Und es ist tatsächlich ihre Aufgabe, zwischen dem Eros in ihrem Inneren und der Außenwelt zu stehen, und durch ihre Anpassung an die Welt die dämonische Macht des nicht menschlichen weiblichen Prinzips menschlich zu machen.[106]

Dieses «nicht menschliche weibliche Prinzip» ist, nach Harding, ein elementarer weiblicher Geist, den die Frau - ebenso wie der Mann - in sich entdecken kann, und das ist es, was Hillmann als Anima bezeichnet.

Das wirft auch die Frage auf, ob die Anima eine Einfach-Persönlichkeit oder eine Vielfach-Persönlichkeit ist. Jungs ursprünglicher Gedanke war, dass die Anima über eine einheitliche Persönlichkeit verfügt, während sich der Animus als eine Anzahl von Männern verkörpert und eine Vielfach-Persönlichkeit aufweist. Es ist nicht verständlich, auf welcher empirischen Grundlage diese Annahme beruht. In den Träumen des Mannes kann eine beliebige Zahl verschiedener Frauen erscheinen - so wie in den Träumen der Frau eine beliebige Zahl verschiedener Männer auftreten kann -, und es wäre ungerechtfertigt zu

---

[106] Esther Harding, «Woman's Mysteries, Ancient and Modern» (New York: G. P. Putnam's Sons, 1971), S. 35, 36.

behaupten, dass es in diesem Falle nicht so sei, wie es sein «sollte», und dass die verschiedenen Frauengestalten im Traum des Mannes auf das Aufbrechen einer einheitlichen Persönlichkeit hindeuteten. Man könnte dies ebenso gut so erklären, dass ein Traum, in dem viele Frauen auftauchen, die vielen weiblichen Elemente der Seele des Mannes oder zumindest eine Vielzahl der Gesichter des weiblichen Archetypus darstellt. Es stimmt, dass in den Träumen von Frauen manchmal viele Männer erscheinen. So träumt eine Frau vielleicht von einer Versammlung männlicher Gestalten oder von mehreren Männern, die um einen Tisch sitzen, oder von einer Gruppe Soldaten. Damit sind die Jungschen Psychologen vertraut und sagen dazu: «Ah, hier haben wir den Animus als eine Gruppe von Männern, genau wie es sein soll. All diese Männer verkörpern die verschiedenen Meinungen des Animus!» Eine Frau kann aber ebenso von einem einzelnen Mann träumen, der als Räuber, Liebhaber, Führer, Priester oder was auch immer auftritt. Wenn der Animus in den vorher erwähnten Beispielen die «vielen Meinungen» darstellt, was ist dann mit den Fällen, in denen er als Einzelperson auftritt?

Wir können nicht einmal sicher feststellen, ob «negative Anima» und «positive Anima», «negativer Animus» und «positiver Animus» (um diese hochtrabenden Ausdrücke zu verwenden) getrennte Realitäten oder nur die zwei Seiten derselben Medaille sind. Meist geht man davon aus, dass sie die lichte und die dunkle Seite einer einzigen Realität darstellen, die destruktive und die hilfreiche Seite eines einzigen Archetypus. Erfahrungsgemäß unterscheiden sie sich jedoch deutlich voneinander, und im praktischen Leben und in der Analyse tun wir sicherlich gut daran, sie zu trennen und von ihnen als Einzelwesen zu sprechen.

Dass Anima und Animus in einer Vielzahl von Gestalten auftreten können, sehen wir auch in der Mythologie. In der griechischen Mythologie gibt es unzählige Göttinnen: Athene, Aphrodite, Demeter, Hera und Artemis sind die fünf Hauptgöttinnen der Oberwelt; in der Unterwelt sind Kore und Hekate, ganz zu schweigen von geringeren Göttinnen wie Hestia und den unzähligen Nymphen und Nixen. In seinem interessanten Artikel *Goddesses in Our Midst*[107] (Göttinnen in unserer Mitte) untersucht Philip Zabriskie die fünf Göttinnen der Oberwelt, die er als eine Art «Typologie des Weiblichen» sieht. Jede Göttin, so Zabriskie, ist anders, und jede ist «das Bild einer echten, alten, gültigen Form des Weiblichen». Aphrodite «verkörpert den Aspekt des Weiblichen, der ständig die Vereinigung mit dem Männlichen anstrebt, den erotischen Magnetismus, der die Gegensätze kraftvoll zueinander zieht». Hera verkörpert jene Weiblichkeit, die zwar auch mit der männlichen Welt verbunden ist, jedoch «unpersönlich», sogar «institutionell», nicht so intensiv und individuell. Demeter bezieht sich auf das Kind, nicht auf den Mann, und sie verkörpert die elementare weibliche Kraft, «zu gebären, zu lieben und zu nähren». Artemis, die Göttin der Amazonen, Jungfrau, keusch und selbstgenügsam, ist das Weibliche in seinem unpersönlichen Aspekt und beherrscht jene Frauen, «die Charme, Vitalität, Freiheit, Losgelöstheit und vielleicht sogar übersinnliche Kräfte besitzen». Athene, ebenfalls eine jungfräuliche Göttin, daher in sich selbst vollständig, geboren aus dem Kopf ihres Vaters Zeus, personifiziert das Weibliche, das sich «mit der Welt des Bewusstseins, der Zeit, des Ego, der Arbeit und des Wachstums befasst».

[107] Philip Zabriskie, «Goddesses in Our Midst», *Quadrant* Nr. 17, Fall 1974.

In diesen fünf Göttinnen sieht Zabriskie die Vorbilder für bestimmte typisch weibliche Lebens- und Verhaltensweisen. Sie sind sicherlich alle Aspekte der einen Großen Göttin, erscheinen aber als voneinander klar getrennte Personifikationen. Die Göttinnen sind in der Psyche der Frau noch immer lebendig und je nachdem, welche Göttin dominiert, ist ihre Persönlichkeit anders geprägt. Die Hetäre hätte Aphrodite an erster Stelle in ihrer Psyche, die Mutter Demeter, die Amazone vielleicht Athene, die Mittlerin Artemis, während Hera sich in jenen Frauen findet, die sich dem Zuhause, der Gemeinschaft, der Kirche usw. widmen. Doch die Göttinnen finden sich nicht nur in Frauen, sondern auch in Männern, wo sie den typischen Aspekt der Seele des Mannes verkörpern. Ein Dr. Schiwago wäre sicherlich vom Geist der Aphrodite beseelt, der zurückhaltende Langstreckenläufer, der sich in seiner Einsamkeit wohlfühlt, von Artemis.

Zabriskies Artikel bestätigt die Auffassung, dass die Anima auch keine einheitliche Persönlichkeit aufweist und tatsächlich viele verschiedene Gesichter haben kann. Und er stützt auch Hillmanns These, dass Anima und Animus Begriffe sind, die auf Männer wie Frauen gleichermaßen angewendet werden können.

All diese Fragen können nicht hier und jetzt entschieden werden, und so sollte es auch sein, denn Anima und Animus bleiben gewissermaßen Grenzbegriffe: Sie sind überprüfbar in der Erfahrung, nützlich in der Therapie, praktisch, wenn wir sie auf uns selbst anwenden, doch gleichzeitig auch nicht genau definierbar. Wenn wir sie mit dem Licht unseres Verstandes anleuchten, sehen wir sie zuerst ziemlich klar, doch je weiter unser Auge dem Lichtstrahl folgt, um so weniger deutlich scheinen sie wahrnehmbar. Aus praktischen Gründen ist es vielleicht besser, sich an Jungs ursprüngliche Definition zu halten und Anima als Begriff für die männliche Psyche zu verwenden und Animus für die weibliche Psyche, doch es wäre ein Fehler, darauf in dogmatischer Weise zu beharren. Denn in unserer Auseinandersetzung mit Anima und Animus befassen wir uns mit Gestalten, die uns weitgehend nicht bewusst sind. Was wir auch versuchen mögen, das Licht der bewussten Unterscheidung dringt nicht tief genug in die spärlich erhellten, labyrinthähnlichen Gänge des Unbewussten ein, dass wir uns eine endgültige Feststellung erlauben könnten.

Jungs wichtigster Beitrag in seinem Konzept von Anima und Animus besteht in dem Gedanken, dass in jedem von uns eine Polarität existiert. Wir sind keine homogenen Einheiten psychischen Lebens, sondern die Gesamtheit, die unser Wesen ausmacht, umfasst unweigerlich auch Gegensätze. Es gibt Gegensätze in uns, gleichgültig wie wir sie nennen - männlich und weiblich, Anima und Animus, Yin und Yang -, es besteht immer Spannung zwischen ihnen, und sie streben ständig nach Vereinigung. Die menschliche Seele ist eine große Arena, in der das Aktive und das Empfängliche, das Lichte und das Dunkle, Yang und Yin zu verschmelzen und in uns eine unbeschreibliche Einheit der Persönlichkeit zu schmieden suchen. Die Vereinigung dieser Gegensätze zu erzielen kann durchaus unsere Lebensaufgabe sein, die von uns größte Beharrlichkeit und ständige Wachsamkeit fordert. Gewöhnlich sind die Männer auf die Frauen und die Frauen auf die Hilfe der Männer angewiesen, um das zu erreichen, und doch findet letztlich die Vereinigung nicht zwischen dem Mann, der das Männliche auslebt, und der Frau, die das Weibliche auslebt, statt, sondern innerhalb des Wesens jedes Mannes und jeder Frau, wo die

Gegensätze schließlich verschmelzen.

So wird nun klar, dass hinter den erotischen Bildern, die auftreten, sobald Anima und Animus in unser Bewusstsein drängen, das Streben nach Ganzheit steht. Die Sehnsucht der Seele, sich mit dem Bewusstsein zu verbinden und eine unteilbare, kreative Persönlichkeit zu schmieden, ist der stärkste Drang in uns. Auf dieser Ebene sind das Streben nach Ganzheit und das Streben, Gott zu finden, identisch, und dieses Streben nach Ganzheit oder Individuation nennt Jung auch den religiösen Instinkt. Das Bild der *Coniunctio,* der Verschmelzung der Gegensätze, der Verbindung von Männlichem und Weiblichem, ist das Bild schlechthin für die Vereinigung der bewussten und unbewussten Teile der Persönlichkeit. Daher befassen sich so viele unserer Träume und auch die Gleichnisse Jesu mit Hochzeiten - treffendes Symbol für die Verschmelzung der Gegensätze, nach der die Lebensenergie in uns trachtet.

Letzten Endes können die Gegensätze nur innerhalb der individuellen Persönlichkeit vereint werden. Wir können die Verbindung von Männlichem und Weiblichem nicht erreichen, solange wir unbewusst eine Hälfte auf einen menschlichen Partner projizieren und die andere Hälfte ausleben. Wie Nicholas Berdyaev sagte: «... ist es nur die Verbindung dieser zwei Prinzipien (männlich und weiblich), die ein ganzheitliches menschliches Wesen ausmacht.[108] Wir sind nicht der Prinz oder die Prinzessin, die sich mit der Person verbindet, die für uns die Rolle des mystischen Partners spielt. Vielmehr vereinen sich der Prinz und die Prinzessin, das göttliche Paar, in uns in einem großen ehelichen Akt im Unbewussten.

Wollen wir in unseren menschlichen Beziehungen erfolgreich sein, müssen wir zwischen dem göttlichen und

---

[108] Berdyaev, *Destiny of Man,* S. 62.

dem menschlichen Partner in unserem Leben unterscheiden. Daher spricht die Psychologie oft von der Notwendigkeit, «Projektionen zurückzunehmen». Wie wir festgestellt haben, können wir nie alle Projektionen vollständig zurücknehmen, die psychischen Bilder von Anima und Animus sind so reichhaltig und unerfassbar für uns, dass sie immer projiziert werden. Doch dies bedeutet auch, dass wir erkennen lernen, wann eine Projektion erfolgt ist. Durch diese bewusste Haltung können wir projizierte, unbewusste Inhalte Schritt für Schritt integrieren und, was ebenso wichtig ist, zwischen einem projizierten archetypischen Bild einerseits und einem Menschen andererseits eine Unterscheidung treffen. Denn die göttlichen Partner in unserem Leben sind Anima und Animus, und ihre Liebesaffären sind Sache der Götter. Die menschlichen Partner sind die echten Männer und Frauen in unserem Leben, und wenn ihre Liebe im Vergleich zum Feuer und Mysterium der göttlichen Liebe zuerst auch gewöhnlich und irdisch erscheinen mag, können sich menschliche wie auch göttliche Liebe doch nur erfüllen, wenn wir fähig sind, sie voneinander zu unterscheiden.

Ein letztes Wort ist noch angebracht im Hinblick auf den Zusammenhang dieser Abhandlung mit dem religiösen Verständnis von Ehe und Sexualität. Das richtige christliche Verständnis von Ehe basiert auf dem archetypischen Bild der *Coniunctio.* Die Kirche sieht in der Ehe die Darstellung des göttlichen Mysteriums, der Vereinigung Christi mit der Seele, auf menschlicher Ebene, welches ihre spezielle Formulierung für die archetypische Verschmelzung der Gegensätze ist. Indem uns die Kirche die Unterscheidung zwischen der Vereinigung Christi mit der Seele einerseits und der ehelichen Beziehung von Menschen andererseits vergegenwärtigt, hat sie eine wichtige Trennung zwischen der göttlichen und der menschlichen Dimension der Liebe aufrechterhalten.

Die christliche Mystik war lange vom Bild der *Coniunctio* fasziniert, und das war gerechtfertigt, da es die Beziehung zu Gott, die der Christ anstrebt, so treffend symbolisiert. So verglichen die Kirchenväter Christus mit einem Bräutigam, die Seele war seine Braut, und das Kreuz war das Hochzeitsbett, auf dem die Vereinigung zwischen Christus und der Seele vollzogen wurde. Der Hl. Augustin schrieb:

> Gleichsam als ein Bräutigam ging Christus aus seiner Kammer hervor, er ging mit der Vorherverkündigung seiner Hochzeit in das Feld der Welt hinaus. Er gelangte bis zum Bette des Kreuzes, und da hat er, indem er hinaufstieg, die Ehe bestätigt. Und als er die schweren Seufzer der Kreatur fühlte, hat er sich in frommer Selbsthingabe für die Gattin zur Sühne hergegeben und hat mit ewiger Geltung sich die Frau anverlobt.[109]

Einige Gnostiker erzählen die Legende, Christus sei auf einen Berg gegangen, habe aus seiner Seite eine Frau gezeugt und sich dann geschlechtlich mit ihr vereint. Für ein keusches christliches Ohr mag diese Geschichte anstößig klingen, doch, wie Jung auch zeigte, lag dies nicht in der Absicht der Gnostiker. Sie «stammelten» einfach in ihren Bemühungen, das kaum fassbare, doch numinose Bild der Ganzheit in der Vereinigung Christi mit der Seele auszudrücken.[110]

Aufgrund seiner reichen Bildersprache liebten die christlichen Mystiker das Hohelied Salomons, das erotischste Buch der Bibel, ganz besonders. Für den Mystiker war das erotische Element nicht einfach Sinnlichkeit, sondern Instrument, um das Bild der Vereinigung Gottes mit der Seele zu vermitteln. Evelyn

---

[109] C. G. Jung, *GW* 5, *Symbole der Wandlung,* Abs. 411/Nr. 152.

[110] Jung, *Aion, GW,* 9, II, S. 210.

Underhill schreibt: «... der Mystiker liebte das Hohelied Salomons, da er in ihm wie in einem Spiegel die geheimsten Erfahrungen der Seele reflektiert sah.»[111] Origenes ist vermutlich der erste, der auf diese erotischen Bilder der Ganzheit genau eingegangen ist,[112] obwohl die Liste christlicher Mystiker lang ist, die dieses Buch als Quelle ihrer Reflexionen über die Beziehung zwischen Gott und Mensch benutzten. Bischof Methodius ging sogar so weit, zu behaupten, dass jeder, dessen Seele sich mit Christus verbindet, selbst zum Christus wird.[113]

Die Verwendung des Hohelieds als mystisches Dokument endete nicht mit der apostolischen Ära, sondern setzte sich in der christlichen Geschichte bis in die Neuzeit fort. Im zwölften Jahrhundert z.B. beschrieb Bernard von Clairvaux das Bild der *Coniunctio* Christi mit der Seele in einer Reihe ergreifender Predigten, die alle vom Hohelied ausgehen. Er sah in der sinnlichen Bildersprache des Buches einen treffenden Träger der Botschaft des göttlichen Mysteriums, der Beziehung Gottes zur Menschheit, welche sich kaum besser ausdrücken lässt als im Bild einer dramatischen Liebesbeziehung.

Somit ist die Sprache der *Coniunctio* Teil des Schatzes der Kirche. Heute braucht die Kirche aber vielleicht die Sprache und das Wissen der Psychologie, um ihren Schatz dem neuzeitlichen Geist zugänglich zu machen, denn die Schwierigkeit liegt ja darin, dass sie in den letzten Jahrhunderten ihre ursprüngliche Verbindung zur

---

111 Evelyn Underhill, *Mysticism* (New York: E. P. Dutton and Company, Inc., 1930 edition), S. 137.

112 Siehe Hom, in Cant. 1.7.

113 Methodius, «Das Gastmahl oder über die Jungfräulichkeit»; Hl. Augustinus, Predigt «De fide rerum que non videntur»; Cyprian, «Schriften»; alle in *Patrologie* (Bernhard Altaner, Alfred Stuiber, Verlag Herder, Freiburg, Basel, Wien, 8. Auflage, 1978).

menschlichen Psyche verloren hat. Wie ich an anderer Stelle gezeigt habe,[114] sind die Lehren Jesu voller psychologischer Inhalte, und viele frühe Kirchenväter waren Psychologen, die Abhandlungen über die Seele oder über Träume schrieben. Dass die Kirche heute die Realität der Psyche verneint, ist unklug, denn die Vereinigung Christi mit der Seele kann nicht erreicht werden, wenn die Seele selbst verneint und unterdrückt wird. Da unsere unsichtbaren Partner die Pforte darstellen, die wir passieren müssen, um zur inneren Welt zu gelangen, müssen wir sie auch als lebendige Realität anerkennen.

Vielleicht weigert sich die Kirche deshalb, die Realität der menschlichen Seele anzuerkennen, weil sie die Sexualität fürchtet. Im Gegensatz zum Hl. Bernard, der sich nicht scheute, die sinnlichen Bilder im Hohelied Salomons zu betrachten, fürchtete die Kirche als solche den sexuellen Instinkt des Menschen, und sie versuchte ihn zu unterdrücken oder zu verleugnen. Oft wurde diese Angst vor der Sexualität gar zur fixen Idee. Der Hl. Augustinus nannte die Frau z.B. die Pforte des Teufels, und er versuchte sich vorzustellen, wie die Menschheit auf andere Weise - ohne Hilfe der Frau - vermehrt werden könnte, und stellte als Regel auf, dass Geschlechtsverkehr nur zum Zweck der Fortpflanzung zulässig sei; selbst wenn verheiratete Personen dabei Lust empfanden, war es Sünde. Der Hl. Hieronymus forderte die Ehemänner dazu auf, ihre Frauen zu ehren, indem sie auf den Geschlechtsverkehr verzichteten, und behauptete, sich mit seiner Frau geschlechtlich zu vereinigen, sei eine Beleidigung für die Frau. (Soweit uns bekannt ist, befragte er die Frauen nicht über ihre Gefühle in dieser

[114] John A. Sanford, *The Kingdom Within* (New York: J. B. Lippincott Co., 1970).

Angelegenheit.) Er ging sogar so weit, dass er den Ehepartnern noch Tage nach dem Geschlechtsakt das Hl. Abendmahl verweigerte, mit der Begründung, die Reinheit des Sakraments werde dadurch besudelt. Peter Lombard warnte die Christen einmal davor, dass der Hl. Geist den Raum verlasse, wenn ein Ehepaar sich sexuell vereinige, selbst wenn es zum Zweck der Empfängnis geschehe. Wenn Sexualität in der Ehe schon an Sünde grenzte, kann man sich vorstellen, wie viel Sünde sich jemand auflud, der die Sexualität außerhalb der Ehe erlebte! Natürlich galt die Jungfrau Maria im christlichen Denken als heilig, und wir können dankbar sein, dass das Weibliche aus der christlichen Bilderwelt nicht völlig ausgeschlossen wurde. Doch auch sie wurde im christlichen Denken zur makellosen Frau, die ohne Hilfe des Mannes empfing und deren eigene Geburt unbefleckt war, und sie blieb ihr Leben lang Jungfrau. Auf diese Weise drückt die Kirche ihre Furcht vor der Frau, der Erde und der Sinnlichkeit aus.

Das Judentum hingegen teilt diese Furcht nicht, es betrachtete den Geschlechtsakt zwischen Mann und Frau von Anfang an als heilig. Einige jüdische Gruppierungen schreiben heute noch den Gelehrten und Rabbinern vor, dass der Sabbat-Gottesdienst am Freitagabend durch die sexuelle Vereinigung von Mann und Frau eingeleitet werden solle.

Durch ihre Haltung hat die Kirche nach gnostischer Manier Himmel und Erde, Geist und Materie, Seele und Körper getrennt und so ihre eigene Botschaft von der Inkarnation verraten. Vielleicht war die ursprüngliche Absicht dabei, die hart erkämpfte Spiritualität der Menschheit davor zu bewahren, sich in einem Meer aus Sinnlichkeit zu verlieren. Der Geist und das Fleisch, Geist und Materie, sind nicht so leicht zu versöhnen, und das eine wird schnell vom andern überflutet.

Zweifellos sah die Kirche ihre Aufgabe in der spirituellen Entwicklung des Menschen, da dessen Sinnlichkeit bereits stark genug war. Das Ergebnis war jedoch nicht die Verschmelzung der Persönlichkeit, sondern die Verneinung der Ganzheit, ein Ausschlagen des Pendels von einer Seite zur anderen. Und so haben wir in der westlichen Geschichte ein ständiges Hin und Her zwischen Extremen spiritueller Askese einerseits und Sinnlichkeit andererseits. Noch nie wurden geistige Werte durch die Unterdrückung der Sinne erkannt, denn oft erreicht man den Geist über die Sinne, und manchmal erweckt und benötigt eine spirituelle Entwicklung die sinnliche Liebe, um sich zu festigen und Substanz zu gewinnen. Durch den Versuch, den Konflikt der Gegensätze zu vermeiden, indem man eine Seite des Lebens verneint, wurde dem Geist der Ganzheit Schaden zugefügt.

Und doch ist es seltsam, dass das Christentum so lange eine Lehre toleriert haben soll, die erklärte, dass die einzige Rechtfertigung der Sexualität Fortpflanzung sei. Nicholas Berdyaev meinte: «Das bedeutet, man überträgt die Prinzipien der Rinderzucht auf menschliche Beziehungen.» [115] Und das stellt eine Verneinung des höchsten christlichen Wertes - der Persönlichkeit des Menschen - dar. Wie Berdyaev bemerkt, kann man sexuelle Beziehung ebenso eingehen, um Liebe, Persönlichkeit und Verbundenheit auszudrücken, wie um Kinder zu zeugen. Ein christliches Verständnis, das in der Sexualität den Ausdruck der Sehnsucht nach Erfüllung und Beziehung erkennt, wäre viel eher mit einer Religion vereinbar, welche die Fleischwerdung Gottes in einem irdischen

---

[115] Berdyaev, *Destiny of Man,* S. 240.

Menschenleben betonte.

Was wir benötigen, ist nicht die Verleugnung von Sexualität und Eros, sondern die Reinigung des Eros von Egozentrik, Besitzgier und Unbewusstheit. Eros ist nicht identisch mit Sexualität, doch wird die Sexualität unterdrückt, unterdrückt man zugleich den Eros. Der Eros ist eine mächtige Kraft, welche den Kern aller menschlichen Kreativität darstellt, aller Liebe zwischen Menschen, ja sogar den Kern der Beziehung zwischen einem menschlichen Wesen und Gott. Eros verleiht allem Leben Wärme, vermittelt allen lebendigen Wesen Hoffnung, und nur er macht Opferbereitschaft im Leben möglich. Beansprucht aber ein menschliches Wesen Eros als sein Gut, das Mysterium der *Coniunctio* als seinen Privatbesitz, wird der Eros durch Gier und Possessivität verdorben und versagt das verheißene höhere Bewusstsein.

Daher sollte eine christliche Theologie der Ehe nicht die Verneinung von Sexualität und Eros, sondern eine erhöhte Bewusstheit des Eros und seiner Bedeutung fordern. Die große christliche Tugend der Agape [Anm. d. Übs.: Agape ist im Gegensatz zum Eros die rein geistige, nicht körperliche Liebe] wird nicht durch Verneinung des Eros, sondern durch Reinigung des Eros erlangt. So wie Gold aus dem Erz gewonnen wird, indem man das Erz siebt und reinigt, so muss das Gold des menschlichen Eros gereinigt werden, indem man die Verunreinigungen menschlicher Egozentrik aussondert. Doch noch nie hat jemand das Gold gewonnen, indem er das Erz wegwarf. Was wir heute dazu brauchen, sind psychologische Einsicht und spirituelle Sensibilität. Die mächtige Kraft des Eros kann destruktiv wirken, wenn sie blind ist, und der Eros ist blind, solange die menschlichen Wesen, die ihn in sich tragen, blind sind und ihre eigene Natur nicht verstehen. Der Eros braucht die

Erleuchtung eines entwickelten Bewusstseins, um sein wahres Ziel zu erreichen, und ohne Eros kann sich das Bewusstsein nicht entwickeln und das Ziel nicht erreicht werden.

Letztlich bleibt der Eros ein großes Mysterium. Wir sprechen von Sexualität, wir verstehen das Phänomen der Projektion, wir reden von Übertragung, doch die Summe all dessen ist gleich Null, denn alles endet im großen Mysterium der Liebe.

# Anhang: Aktive Imagination*

Psychoanalyse allein genügt nicht, um eine Heilung der Seele herbeizuführen. Auch wenn wir unsere ganze persönliche Vergangenheit verstehen, die Kräfte sehen, die in uns am Werk sind und unser Leben geformt haben, wird uns das allein noch nicht heilen. Der Wert der Analyse besteht hauptsächlich darin, uns eine bewusste Orientierung und eine gewisse Perspektive zu ermöglichen. Sie stärkt im allgemeinen auch das Ego, wodurch wir frei werden, um eine bestimmte Wahl zu treffen und neue Standpunkte einzunehmen. All das ist sehr hilfreich, aber noch nicht genug. Es muss etwas mehr getan werden, um das Bewusste mit dem Unbewussten zu versöhnen, eine destruktive innere Situation zu ändern oder neues Leben hervorzubringen. Wir sind auf Hilfen angewiesen, um die fortdauernde Beziehung mit der inneren Welt herzustellen und aufrechtzuerhalten, aus der neues Leben erwächst und durch die unsere Konflikte schließlich gelöst werden können.

Als besonderes Hilfsmittel für die Arbeit mit dem Unbe-

* Ursprünglich in meinem Buch *Healing and Wholeness,* Kap. 6, Paulist Press 1977, publiziert.

wussten entwickelte C. G. Jung die «aktive Imagination». Die aktive Imagination geht einen Schritt weiter als die Meditation. Bei der Meditation wird ein Bild betrachtet, bei der aktiven Imagination richtet man seine Aufmerksamkeit auf ein Bild, eine Stimme oder eine Gestalt des Unbewussten und geht dann mit diesem Bild oder dieser Gestalt eine Wechselbeziehung ein. In der aktiven Imagination ist das Ego eindeutig Teilnehmer; wir sind nicht passive Beobachter, sondern tatsächlich in das Geschehen verwickelt. Dazu braucht es die Aktivierung des Bildes vom Unbewussten her *und* ein waches, teilnehmendes Ego.

Eine Warnung: Aktive Imagination kann eine Flut von Bildern aus dem Unbewussten in Gang setzen, die in manchen Fällen kaum mehr aufzuhalten ist. Die Bilder fließen wie ein Strom aus einer Wasserleitung, die sich nicht mehr zudrehen lässt, und man kriegt Angst, weil man befürchtet, von innen her überflutet zu werden. Mir ist nicht bekannt, dass jemand dadurch wirklich Schaden erlitten hat, aber ich kenne ein oder zwei Menschen, die sich sehr ängstigten. Die meisten Menschen können aktive Imagination jederzeit nach Wunsch abbrechen und sind mit diesem Phänomen kaum konfrontiert. Die Möglichkeit dazu ist gegeben, wenn jemand dem Unbewussten zu nahe ist und sein Ego nicht genügend stark ist. In diesem Fall sollte aktive Imagination nicht ohne die Anleitung eines erfahrenen geistigen Führers oder Therapeuten durchgeführt werden, mit dem man die Erlebnisse, falls nötig, teilen kann.

Aktive Imagination lässt sich auf verschiedene Weise beginnen. Ein Traum ist eine Ausgangsmöglichkeit. In diesem Fall setzen wir den Traum in unserer Vorstellung als Geschichte fort und schreiben alles auf, was uns begegnet. Das ist besonders bei Träumen eine Hilfe, die keinen Abschluss gefunden haben. Wir träumen beispielsweise, dass wir von irgendeiner Gestalt verfolgt werden, wir laufen und laufen, und während wir noch vor der Gestalt fliehen, endet der Traum plötzlich. Das ist ein «unvollendeter» Traum, der nicht zu Ende geführt wird, da das Unbewusste die Handlung nicht weiterlenken kann. Wir können den Traum nun fortsetzen, indem wir seine Geschichte in aktiver Imagination zu Ende führen. Was geschieht, während uns die Gestalt verfolgt? Vielleicht sehen wir, wie wir stehenbleiben und uns einem Gegner stellen, oder vielleicht kommt uns jemand zu Hilfe. Es bieten sich viele Möglichkeiten an, doch wir können nur eine auswählen, und dieser folgen wir, um zu sehen, wohin sie uns führt.

Auch eine Phantasie kann als Grundlage für aktive Imagination verwendet werden. Ansatzpunkt ist jene Phantasie, die uns ständig verfolgt, oder der unerwünschte Gedankengang, der immer wieder auftaucht. Vielleicht ist es die immer wiederkehrende Vorstellung vom Einbrecher, der in unser Haus eindringt, oder von einem Schicksal, das uns ereilt, oder eine ausgeprägte sexuelle Phantasie. Wir können diese Phantasie langsam weiterspinnen, und während wir sie als eine Geschichte fortsetzen, schreiben wir alles auf, was uns dabei einfällt. Das hat eine Änderung unserer psychologischen Situation zur Folge, die Bedeutung, die der Phantasie zugrunde liegt, wird offensichtlicher. Bei sexuellen Phantasien ist dies oft die einzige Möglichkeit, um ein konkretes Ausleben zu vermeiden, das unsere Beziehungen zerstören könnte.

Eine Quelle für Jungs Gedanken zur aktiven Imagination war die Alchemie. Die Alchemie sprach vom Adepten (Alchemisten), der allen Elementen in seiner Retorte sorgsam Aufmerksamkeit schenkt und ihre Umwandlung mit großer Konzentration beobachtet. Jung überträgt die Sprache der Alchemie in den Bereich der Psychologie und betrachtet dies als Prototyp der aktiven Imagination. Er sagt:

> Man nehme das Unbewusste in einer seiner nächstliegenden Formen, wie z.B. eine spontane Phantasie, einen Traum, eine irrationale Stimmung, einen Affekt oder etwas dergleichen, und operiere damit, d.h. man schenke diesem Stoff besondere Aufmerksamkeit, konzentriere sich auf ihn und beobachte objektiv dessen Veränderungen. Man lasse es sich nicht verdrießen, diesem Geschäft fleißig obzuliegen und die weiteren Wandlungen der spontanen Phantasie aufmerksam und sorgfältig zu verfolgen. Dabei hüte man sich vor allem, irgendetwas von außen, das nicht dazu gehört, herein gelangen zu lassen, denn das Phantasiebild hat «alles in sich, dessen es bedarf». Auf diese Weise ist man sicher, dass man nicht mit bewusster Willkür irgendwo eingegriffen, sondern dem Unbewussten stets freie Hand gelassen hat.[116]

Im selben Band drückt er es an anderer Stelle noch deutlicher aus:

> Dieser Prozess kann, wie gesagt, spontan eintreten oder durch Kunsthilfe veranlasst werden. In letzterem Fall wählt man zweckmäßigerweise einen Traum oder ein sonstiges Phantasiebild und konzentriert sich darauf, indem man es einfach festhält und anschaut. Man kann auch eine affektive Verstimmung als Ausgangspunkt benützen. In diesem Fall empfiehlt es sich herauszufinden, was für ein Phantasiebild aus dieser Stimmungslage hervorgeht, bzw. was für ein Bild diese ausdrückt. Man hält dann dieses Bild fest, indem es durch die bloße Tatsache der Betrachtung belebt wird. Die Veränderungen müssen sorgfältig und fortlaufend notiert werden. Sie spiegeln nämlich die psychischen Vorgänge im unbewussten Hintergrund wider und zwar in Bildern, die aus bewusstem Erinnerungsmaterial bestehen. Auf diese Weise eint sich Bewusstes und Unbewusstes, wie

---

[116] C. G. Jung, *Mysterium Coniunctionis, GW* 14, II (Rascher Verlag, Zürich und Stuttgart, 1968), S. 304.

ein Wasserfall Oben und Unten verbindet.[117]

Ausgangspunkt für aktive Imagination kann jede Manifestation des Unbewussten sein - ein Traum, ein Affekt, eine Stimmung oder etwas anderes -, doch am einfachsten beginnen wir mit dem alltäglichen Dialog, der im Geist der meisten ständig stattfindet. Wir verwenden viel Zeit darauf, mit uns selbst zu «streiten». Ein wenig Innenschau enthüllt uns bereits, dass die verschiedensten Stimmen in uns gegeneinander kämpfen. Oft ähnelt dieser Dialog Szenen im Gerichtssaal, und es scheint, als würde uns der Prozess gemacht. Da gibt es den inneren «Ankläger», die kritische Stimme, die uns für dies oder jenes schuldig sprechen will und die in der Regel gleichzeitig als Richter und als Kläger auftritt. Bei Frauen hat diese Stimme meist männlichen, bei Männern meist weiblichen Charakter. Diese «Stimmen» sind wie autonome Gedanken oder Stimmungen, die plötzlich in unser Bewusstsein eindringen. Sind wir uns ihrer überhaupt nicht bewusst, identifizieren wir uns mit ihnen. Hören wir die innere Stimme als die anklagende Stimme des inneren Kritikers oder « Vertreters der Anklage», bedrückt uns das, und unser Selbstbild schrumpft vollkommen. Sich der autonomen Natur dieser Stimme bewusst zu werden heißt, zwischen ihnen und uns selbst zu unterscheiden lernen, und diese anbrechende Bewusstheit ermöglicht uns die Befreiung aus einem Zustand, der bis zu einer Besessenheit anwachsen kann. Um den inneren Streit mit aktiver Imagination aufzuarbeiten, schreiben wir all die Gedanken auf, die uns bereits durch den Kopf schießen. So fällt es uns leichter, die verschiedenen Stimmen, die wir hören, zu personifizieren. «Vertreter der Anklage», «großer

[117] Ibid., S. 268.

Schiedsrichter», «zynischer Zuschauer», «verlassene Frau» sind solche Personifikationen innerer Stimmen, die von verschiedenen Menschen von Zeit zu Zeit benutzt wurden. Die Personifikation sollte natürlich der Stimme entsprechen, die wir hören.

Wenn wir diesen inneren Streit zu Papier bringen, können wir auf die autonomen Gedanken reagieren, und das ermutigt uns zugleich, unseren eigenen Standpunkt zu klären und einzunehmen. Indem wir diese Dinge aufschreiben, hören wir allmählich, was wirklich gesagt wird, und sind dann in der Lage, die Äußerungen auf ihre genaue Beschaffenheit zu untersuchen. Dabei entdecken wir vielleicht, dass die Autorität des inneren Kritikers z.B. doch nicht so groß ist, dass er sich zwar benimmt, als wäre er ein Gott, in Wirklichkeit aber nur die Personifikation kollektiver Meinungen ist, d.h. allgemeiner oder konventioneller Standpunkte.

Es stärkt auch das Ego, diese Dinge aufzuschreiben, denn die Feder zur Hand zu nehmen und zu schreiben ist eine Handlung des Ego und hat die Festigung und Zentrierung des Bewusstseins sowie eine Stärkung angesichts destruktiver Einflüsse zur Folge. Dadurch finden wir zu unserer eigenen Position und können uns gegen einen inneren Feind zur Wehr setzen, der bisher den Vorteil genoss, im Dunklen arbeiten zu können.

Natürlich kann es auch eine positive innere Stimme sein, mit der wir ein Gespräch führen können. So wie es eine negative Stimme gibt, die scheinbar wünscht, dass wir im Leben versagen, gibt es eine positive Stimme, die uns hilfreiche Einsichten oder Inspirationen vermittelt. Wir können die Beziehung zu dieser Seite von uns selbst kultivieren, wenn wir mit ihr in einen Dialog treten lernen und unsere Lebenslage mit ihr besprechen.

Die Völker des Altertums pflegten eine solche Gestalt «Spiritus Familiaris» zu nennen. Sokrates nannte ihn einen «Daimon», was nicht «Dämon» im negativen Sinn bedeutet, sondern «Genius» oder inspirativer Geist, und im christlichen Sprachgebrauch ist es der Schutzengel oder die Führung durch den Heiligen Geist. Auf psychologischer Ebene lässt sich diese positive Gestalt mit einer Personifikation des Selbst vergleichen, das mit dem Ego-Bewusstsein in Verbindung tritt. Gelingt es uns, eine Beziehung zu dieser inneren Gestalt zu entwickeln, erhalten wir eine wertvolle Hilfe, so als hätten wir einen inneren Analytiker oder geistigen Führer. Bei manchen ist dies der Weg zur Befreiung aus der Abhängigkeit von einem Analytiker, da sie den Zugang zur eigenen, unbewussten Weisheit gefunden haben.

Beachten Sie, wie oft ich darauf hingewiesen habe, bei aktiver Imagination alles aufzuschreiben. Es gibt dafür viele Gründe. Das Schreiben verleiht der aktiven Imagination Realität; wenn wir die Dinge nicht aufschreiben, erscheinen sie verschwommen und flüchtig und haben wenig Wirkung. Außerdem bewahrt es uns davor, uns bei dem Vorgang selbst zu betrügen, denn vielleicht erfahren wir auch unangenehme Dinge über uns selbst, und wir können sie leicht umgehen, solange wir sie nicht aufschreiben. Zudem stärkt das Schreiben die Hand des Ego und entwickelt unseren bewussten Standpunkt angesichts des Unbewussten, und nicht zuletzt erhalten wir dadurch auch konstante Aufzeichnungen und können von Zeit zu Zeit rückblickend feststellen, was wir geleistet haben. Das frischt nicht nur unsere Erinnerungen auf, sondern gibt auch die Möglichkeit, Dinge, die zu einem früheren Zeitpunkt auftauchten und nicht verstanden wurden, rückblickend zu klären.

Manchmal funktioniert die aktive Imagination allerdings am besten, wenn wir uns in einem meditativen Zustand befinden. Machen Sie in diesem Fall während des Vorgangs keine Notizen, sondern folgen Sie der aktiven Imagination, während Sie meditieren, und schreiben Sie gleich anschließend alles in ein Tagebuch.

Ich habe das mögliche Risiko bei aktiver Imagination bereits erwähnt. Es ist jedoch weitaus schwieriger, Leute zur tatsächlichen Durchführung zu veranlassen. Ein Grund ist, dass man das Erlebte aufschreiben muss, damit es real wird, und das bedeutet Arbeit. Sie erfordert von uns Disziplin, und wir müssen die Trägheit überwinden, die uns packt, wenn es um seelische Dinge geht. Der Mensch ist faul, wenn es um seine eigene Psyche geht. Er will nicht an sich arbeiten, sondern wünscht, dass ihm alles in den Schoß fällt. Mit dieser Schwierigkeit ist der Therapeut häufig konfrontiert: Er sieht, dass viele mit der Erwartungshaltung zu ihm kommen, er könne wie ein Magier für sie alles zum Guten wenden und sie selbst müssten keinerlei Leistung erbringen. Das ist nicht nur erschöpfend für den Therapeuten, der mehr als den angemessenen Anteil seiner Energie für den Prozess einsetzen muss, auch der Klient macht keine befriedigenden Fortschritte, denn in dem Maß, wie wir unsere Energie für unsere psychologische Entwicklung aufwenden, werden wir auch gesünder.

Abgesehen von dieser trägen Ader in uns, die sich gerade deshalb gegen aktive Imagination wehrt, weil sie «aktiv» ist, gibt es auch jene innere Stimme in uns, die dazu sicherlich meint: «Das sind bloß deine eigenen Gedanken.» Sobald wir von Bekanntem oder Konventionellem abweichen, erklärt diese zynische, zweifelnde Stimme, dass unser ganzes Tun da banaler Unsinn sei oder nicht wert, schriftlich festgehalten zu werden. Das ist ein anderer

Aspekt der kritischen Stimme, der wir vorhin begegnet sind, und wenn wir nach einem Traum aufwachen, sagt sie uns vielleicht: «Ach, dieser Traum bedeutet gar nichts.» Menschen, die sich kreativ in der Schriftstellerei verwirklichen wollen, treffen bestimmt auf diese Stimme, die ihnen erklärt: «Ach, das ist schon längst geschrieben worden» oder «Das wird nie publiziert werden». Diese Stimme wird uns von aktiver Imagination abzuhalten versuchen, und sie wird giftige Bemerkungen von sich geben, als wollte sie unsere Entwicklung auf einem möglichst niedrigen Niveau halten. Sie handelt wie eine negative Mutter-Stimme bei einem Mann oder eine beißende Vater-Stimme bei einer Frau, eine Version der Hexe, die im Märchen den jungen Helden oder die Heldin lähmt, sie in Stein verwandelt, in einen Schlaf versetzt oder sie einfach den Kopf verlieren lässt.

Wir haben zwei Möglichkeiten, mit dieser Stimme umzugehen, wenn sie während einer aktiven Imagination auftaucht. Die eine besteht darin, energisch weiterzufahren und sich zu sagen: «Es ist mir gleich, was die Stimme sagt, ich werde diese aktive Imagination durchführen, und dann werden wir ja sehen.» Die zweite Möglichkeit ist, die aktive Imagination durch den Dialog mit dieser Stimme einzuleiten. Wenn das dann erledigt ist, sehen wir vermutlich, dass die Schlacht schon halb gewonnen ist, und wir befreien uns allmählich von etwas, was uns bislang auf vielen Ebenen unseres Lebens lähmte.

Wählen wir den Dialog als Form der aktiven Imagination, schreiben wir am besten die ersten Gedanken auf, die uns einfallen. Wir identifizieren die Stimme, mit der wir sprechen wollen, und sagen, was wir wollen; dann notieren wir den ersten «Antwort-Gedanken», der uns einfällt, und wir erwidern darauf, und so läuft der Dialog ab. Es ist wichtig, das Gesagte währenddessen nicht zu kritisieren oder zu untersuchen, sondern fortzufahren, als handle es sich um eine normale Unterhaltung. Später, wenn der Dialog beendet ist, können wir die Notizen noch einmal durchgehen und sie nach Wunsch auf ihren Inhalt hin untersuchen.

Aktive Imagination ist nicht immer gleich lebhaft. Es gibt Momente, da ein Bild, eine Stimme oder eine Phantasie wirklich da ist, sich aktiviert und mit uns in Beziehung tritt, und Zeiten, da die Ergebnisse vielleicht nicht so greifbar sind. Einigen Menschen fällt aktive Imagination morgens leichter als abends, bei andern ist es vielleicht gerade umgekehrt. Jeder muss seine eigene Arbeitsmethode finden und wissen, was seiner Persönlichkeit am ehesten entspricht.

Aktive Imagination kann sehr lang oder auch sehr kurz sein. Ein gutes Beispiel für eine lange aktive Imagination finden wir in Gerhard Adlers Buch *The Living Symbol*[118], in dem er eine Reihe aktiver Imaginationen untersucht, die eine Frau über Monate hinweg durchführte und aus denen sich eine lange und ausgefeilte Phantasie entwickelte. Die kürzeste aktive Imagination, die mir bekannt ist, erlebte ein Schriftsteller, der zum dritten Mal versuchte, sein Manuskript zu revidieren, um seinen Herausgeber zufriedenzustellen. Er hatte zuvor noch einige Änderungen vorgenommen, doch als er diesmal an der Schreibmaschine saß, geschah gar nichts. Drei Tage lang war er deprimiert, kein einziger Gedanke und kein Wort tauchten auf, obwohl ihm die Worte sonst wie Wasser zuflossen. Schließlich wurde ihm klar, dass sich etwas in ihm weigerte, das Manuskript zu revidieren, und so beschloss er, den Widerstand zu personifizieren und mit ihm zu

[118] Gerhard Adler, *The Living Symbol* (New York: Pantheon Books, 1961).

sprechen. Die aktive Imagination ging folgendermaßen vor sich:

Autor (zu seinem Widerwillen): «Also, warum weigerst du dich, diese Arbeit zu tun?»

Sofortige Antwort: «Weil sie bereits beendet ist.»

Das war's, es gab dazu nicht mehr zu sagen. Damit erkannte der Autor, dass sein Buch, so wie es war, vollständig und tadellos war, und wenn der Herausgeber, mit dem er korrespondierte, es so nicht wollte, musste er einen anderen Herausgeber finden. Und genau das geschah auch.

Letztlich nützt uns aktive Imagination deshalb, weil sie das Bewusste mit dem Unbewussten versöhnt. Sie bringt uns mit den Gestalten des Unbewussten in Beziehung, «verhandelt» mit ihnen und arbeitet die Dinge mit ihnen auf. Dies fördert auch jene paradoxe Vereinigung von bewussten und unbewussten Persönlichkeiten, die der *Unio mentalis* der Alchemisten entspricht. So wie die Alchemisten, die den Stein suchten, mit Materialien begannen, die allgemein abgelehnt wurden, beginnen wir mit dem sonst zurückgewiesenen Material des Unbewussten, und durch Meditation oder aktive Imagination setzen wir einen inneren Prozess in Gang. In einem Kommentar über alchemistische Symbolik gibt uns Jung eine treffende Beschreibung dessen, wie sich dieser Prozess auswirkt und uns der Ganzheit näher bringt:

> So kann der moderne Mensch meist nicht einmal jene unio mentalis herstellen, die ihn zur Vollziehung des zweiten Grades der coniunctio befähigen würde. Die ärztliche Anleitung zum Verständnis der Aussagen seines Unbewussten in Träumen usw. kann ihm zwar die nötige Einsicht verschaffen, aber wenn es zur Frage der wirklichen Erfahrung kommt, dann kann ihm der Arzt im Prinzip nicht mehr weiterhelfen, sondern er muss selber Hand ans Werk legen. Er ist dann in der Lage des alchemistischen Schülers, der bei einem Meister in die

Lehre geht und alle Kunstgriffe des Laboratoriums erlernt. Einmal aber muss er sich selber ans opus machen, welches, wie die Alchemisten betonen, kein anderer für ihn tun kann. Wie dieser beginnt der moderne Mensch mit einer unansehnlichen prima materia, die in unerwarteter Weise sich ihm anbietet, nämlich mit nichts als einer verächtlichen Phantasie, die wie der Stein, von den Bauleuten verworfen, «in via ejecta» gefunden wird und «so billig ist», dass die Leute sie nicht einmal ansehen. Er wird sie von Tag zu Tag beobachten und ihre Veränderungen feststellen; so lange, bis ihm die Augen aufgehen oder, wie die Alchemisten sagen, bis die oculi piscium, die Fischaugen, oder die scintillae, die Lichtfunken, in der dunklen Lösung erscheinen. [...]

Das Licht, das einem allmählich aufgeht, besteht nämlich darin, dass man seine Phantasie als einen wirklichen psychischen Vorgang versteht, der einem selber zustößt. Obschon man gewissermaßen von außen unbeteiligt zuschaut, ist man auch selber handelnde und erleidende Figur im Drama der Seele. [...] Wenn man aber seine Beteiligung erkennt, so muss man selber mit seiner persönlichen Reaktion in den Prozess eintreten, wie wenn man selber eine Phantasiefigur wäre oder besser, wie wenn das Drama, das sich vor seinen Augen abspielt, wirklich wäre. Es ist nämlich eine psychische Tatsache, dass sich diese Phantasie ereignet. Sie ist so wirklich, wie man als psychisches Wesen wirklich ist. [...] Stellt man sich aber mit seiner Wirklichkeit in die Handlung, so gewinnt nicht nur diese an Aktualität, sondern man schafft damit der zur Schrankenlosigkeit neigenden Phantasie ein wirksames Gegengewicht durch seine Kritik. Denn das, was sich jetzt ereignet, ist die entscheidende Auseinandersetzung mit dem Unbewussten. Damit beginnt die Verwirklichung der Einsicht, der unio mentalis nämlich. Was man jetzt schafft, ist der Beginn der bewussten Individuation, welche die Erfahrung und die Herstellung des ganzheitlichen Symbols zum nächsten Ziel hat.[119]

Jung war zwar der erste, der aktive Imagination als psychologisch verfeinertes Werkzeug entwickelte, sie war aber auch schon in früheren Zeiten bekannt. Ein sehr gutes Beispiel für aktive Imagination findet sich im Matthäus-Evangelium in der Geschichte der Versuchung in der

[119] *Jung,* Mysterium Coniunctionis, *S 306.*

Wüste.[120] Jesus ging in die Wüste, nachdem er den Hl. Geist von Gott empfangen hatte und die Stimme vernommen hatte, die sprach: «Dieser ist mein geliebter Sohn, an dem ich mein Wohlgefallen habe.» Was nach einer solchen Erfahrung natürlich als erstes auftreten könnte, ist eine Inflation, die Versuchung, die Erfahrung falsch aufzufassen, und diese Versuchung ist in der Stimme des Satans verkörpert, der da sagt: «Wenn du Gottes Sohn bist, befiehl, dass diese Steine Brot werden.» Jesus hört die Stimme in sich und antwortet ihr; und er hört sie noch ein zweites und ein drittes Mal, und er gibt ihr immer wieder Antwort. Das ist aktive Imagination. Das bedeutet auch nicht, dass der Satan in dieser Geschichte nicht real ist. Eine solche Stimme in uns ist *sehr* real, so real, dass wir uns leicht von ihr überwältigen lassen, wenn wir sie nicht hören und erkennen, was sie darstellt und ihr dann antworten. Hätte Jesus falsch reagiert, wäre sein ganzes Leben falsch verlaufen. Sein Dialog mit dem Satan war der Grundstein für sein Leben und den Dienst, den er leistete, und das ist eine lebhafte Schilderung dessen, wie lebendig aktive Imagination sein kann.

Beachten Sie zum Schluss, dass der Ausdruck *aktive* Imagination lautet. Es handelt sich nicht um eine Technik, bei der die Bewegungen des Unbewussten einfach beobachtet werden. Vielmehr behauptet sich das Ego bei diesem Vorgang, und die Forderungen des Unbewussten müssen der Realität des Ego gegenübergestellt werden. Im Dialog mit dem Satan war das Ego Jesu sehr deutlich erkennbar; er hörte die Stimme nicht nur, sondern er reagierte auf sie und antwortete ihr. Natürlich kann der Dialog auch mit einer hilfreichen Stimme geführt werden,

---

[120] Mt. 4,1-11, King James Bible.

so z.B. das Gespräch, das Elias mit der Stimme Jahwes in der Höhle auf dem Berg Sinai führte.[6] Doch in beiden Fällen erfordert der Prozess der aktiven Imagination eine aktive Teilnahme des Ego und zeigt, wie Bewusstes und Unbewusstes versuchen sich auseinanderzusetzen und gemeinsam ein kreatives Leben zu gestalten.

[6] I Könige 19,9.

# Glossar der Jungschen Begriffe

**Anima** (latein. «Seele»): Die unbewusste weibliche Seite der Persönlichkeit eines Mannes. Sie taucht in Träumen in Form von Frauenbildern auf, die von der Prostituierten bis zur spirituellen Führerin (der Weisheit) reichen können. Sie repräsentiert das Eros-Prinzip. So zeigt sich der Entwicklungsstand der Anima eines Mannes in der Art seiner Beziehungen zu Frauen. Die Identifizierung mit der Anima kann sich als Launenhaftigkeit, «weibisches» Verhalten oder Überempfindlichkeit zeigen.

**Animus** (latein. «Geist): Die unbewusste männliche Seite der Persönlichkeit einer Frau. Er personifiziert das Logosprinzip. Die Identifizierung mit dem Animus kann eine Frau starr und rechthaberisch werden lassen. Positiver gesehen ist der Animus der innere Mann, der als Brücke zwischen dem Ego der Frau und ihren eigenen schöpferischen Quellen im Unbewussten fungiert.

**Archetypen:** Sind als solche nicht beschreibbar, aber ihre Wirkungen manifestieren sich im Bewusstsein in Form von Bildern und Ideen. Es sind universelle kollektive Muster oder Motive, die aus dem kollektiven Unbewussten auftauchen und die Essenz aller Religionen, Mythologien, Legenden und Märchen darstellen. Im individuellen Bewusstsein machen sie sich in Träumen und Visionen bemerkbar.

**Assoziation:** Ein spontaner Fluss miteinander verbundener Gedanken und Bilder um eine spezifische Vorstellung, bestimmt durch unbewusste Verbindungen.

**Ego (Ich):** Der zentrale Komplex im Bereich des Bewusstseins. Ein starkes Ego vermag sich objektiv auf aktivierte Inhalte des Unbewussten (z. B. andere Komplexe) zu beziehen, anstatt sich mit ihnen zu identifizieren, was als Zustand der Besessenheit erscheint.

**Gefühl:** Eine der vier psychischen Funktionen. Es ist eine rationale Funktion, die Beziehungen und Situationen nach ihrem Wert einstuft. Gefühl muss von Emotion unterschieden werden, die durch einen aktivierten Komplex zustande kommt.

**Individuation:** Die Bewusstwerdung der eigenen, einzigartigen psychischen Wirklichkeit, einschließlich deren Stärken und Schwächen. Sie führt zur Erfahrung des Selbst als dem Steuerungszentrum der Psyche.

**Inflation:** Ein Zustand, in dem man ein unwirklich hohes oder niedriges (= negative Inflation) Identitätsverständnis hat. Sie bedeutet eine Regression des Bewusstseins in das Unbewusste, was typischerweise geschieht, wenn das Ego zu viele unbewusste Inhalte in sich aufnimmt und die Fähigkeit der Unterscheidung verliert.

**Intuition:** Eine der vier psychischen Funktionen. Sie ist die irrationale Funktion, die uns Wissen über die der Gegenwart innewohnenden Möglichkeiten gibt. Im Gegensatz zur Sinnesempfindung (der Funktion, die die unmittelbare Wirklichkeit durch die physischen Sinne wahrnimmt) nimmt die Intuition über das Unbewusste wahr, zum Beispiel in Form von plötzlichen Eingebungen unbekannter Herkunft.

**Komplex:** Eine emotional aufgeladene Gruppe von Ideen oder Bildern. Im «Mittelpunkt» eines Komplexes steht ein Archetyp oder archetypisches Bild.

**Konstellieren:** Bei einer stark emotionalen Reaktion auf eine Person oder eine Situation hat sich ein Komplex konstelliert (= aktiviert).

**Participation mystique:** Ein Begriff, den der Anthropologe Lévy-Bruhl benutzte, um die primitive psychische Verbindung mit Objekten oder zwischen Personen, zu bezeichnen, die in einer starken unbewussten Bindung resultiert.

**Persona:** (latein. «Maske des Schauspielers»): Die soziale Rolle, die das Individuum entsprechend den Erwartungen der Gesellschaft oder durch früheste Erziehung annimmt. Ein starkes Ego bezieht sich auf die Außenwelt durch eine flexible Persona. Die Identifizierung mit einer spezifischen Persona (wie z. B. Arzt, Gelehrter, Künstler etc.) hemmt die psychische Entwicklung.

**Projektion:** Der Prozess, mittels dessen eine der eigenen unbewussten Eigenschaften oder Charakteristika in einem Objekt oder in einer anderen Person gesehen und entsprechend auf sie reagiert wird. Die Projektion der Anima oder des Animus auf einen Mann oder eine Frau wird erfahren, wenn man sich verliebt. Unerfüllte Erwartungen zeigen die Notwendigkeit an, Projektionen zurückzuziehen, um sich auf die Wirklichkeit anderer Menschen beziehen zu können.

**Puella aeterna** (latein. «ewiges Mädchen»): Beschreibt einen bestimmten Frauentyp, der sich zu lange in der Phase der pubertären Psychologie aufhält, die allgemein mit einer starken, unbewussten Bindung an den Vater assoziiert wird. Ihr männliches Gegenstück ist der *puer aeternus,* der «ewige Jüngling», mit seiner entsprechenden Bindung an die Mutter.

**Schatten:** Ein unbewusster Teil der Persönlichkeit, der durch Eigenschaften und Haltungen charakterisiert ist, die das bewusste Ego lieber ablehnt. Er wird in Träumen durch das Auftauchen von Personen repräsentiert, die gleichen Geschlechts wie der Träumende sind.

**Selbst:** Der Archetyp der Ganzheit und das Steuerungszentrum der Persönlichkeit. Es wird als überpersönliche Macht erfahren, die das Ego transzendiert: z. B. Gott.

**Senex** (latein. «alter Mann») - steht in Zusammenhang mit Geisteshaltungen, die im fortgeschritteneren Alter auftreten. Negativ gesehen kann dies Zynismus, Härte und extremen Konservativismus bedeuten; die positiven Züge äußern sich als Verantwortungsgefühl, Ordnungssinn und Selbstdisziplin. Eine ausgewogene Persönlichkeit funktioniert entsprechend innerhalb der Polarität von Puer und Senex.

**Symbol:** Der bestmögliche Ausdruck für etwas, das eigentlich unbekannt ist. Symbolisches Denken ist nicht-linear und geht von der rechten Gehirnhälfte aus. Es ist komplementär zum logischen, linearen Denken der linken Gehirnhälfte.

**Transzendente Funktion:** Das versöhnende «Dritte», welches aus dem Unbewussten aufsteigt (in der Form eines Symbols oder einer neuen Einstellung), nachdem die widerstreitenden Gegensätze bewusst unterschieden wurden und die Spannung zwischen ihnen erhalten bleibt.

**Übertragung und Gegenübertragung:** Spezielle Fälle von Projektion, die in Form der unbewussten emotionalen Bindung zwischen zwei Personen auftritt, die an einem analytischen oder therapeutischen Prozess beteiligt sind.

**Uroboros:** Mythische Schlange oder Drache, der sich in seinen eigenen Schwanz beißt. Er ist ein Symbol sowohl für die Individuation als fortwährender, zirkulierender Prozess wie auch für narzisstische Selbstherrlichkeit.

# Bibliographie

## BÜCHER


**Brontë,** Emily. *Wuthering Heights.* New York: Random House, 1943. Deutsch: *Die Sturmhöhe.* Verschiedene Ausgaben.

**Castillejo,** Irene de. *Die Töchter der Penelope.* Zur Zeit keine deutsche Ausgabe im Handel.
Eine wahrhaft herausfordernde Studie über weibliche Psychologie.

**Drury,** Michael. *To a Young Wife from an Old Mistress.* Garden City, N. Y.: Doubleday and Company, 1966.
Ein weiser Rat von Frau zu Frau.

**Franz,** Marie-Louise von. *Das Weibliche im Märchen.* Stuttgart: Bonz Verlag, 1977.
Eine ausgezeichnete Studie über das Weibliche im Mann und in der Frau.

- *Apuleius' The Golden* Ass. Zürich: Spring Publications, 1970, 1974-
- Individuation im Märchen. *München: Kösel-Verlag, 1985.*

**Guggenbuhl-Craig,** Adolf. *Die Ehe ist tot - lang lebe die Ehe.* Publikation aus dem C. C. Jung-Institut Zürich, XXI, 1976.
Moderne, zeitgerechte Gedanken über die Ehe, mit lesenswerten Abschnitten über die Bedeutung der Sexualität.

**Hannah, Barbara**. *Striving Toward Wholeness.* New York: G. P. Putnam's Sons, 1971.
Die Kapitel über die Brontë-Schwestern sowie über *Wuthering Heights* bilden einen bedeutenden Beitrag zur weiblichen Psychologie sowie zur Psychologie des Animus.

**Harding, Esther**. *Frauenmysterien einst und heute.* Berlin:

Schwarze Katz, 1983.
Wertvolles archetypisches Material über die Natur des Weiblichen.
- *The Way of all Women.* New York: David Mc Kay Company, 1933, 1961.
Ein «Oldtimer», aber immer noch gültig.

**Johnson, Robert**. *He!.* King of Prussia, Pa.: Religious Publishing Co., 1976.
Ein kleines Juwel, eine hervorragende Studie über die Psychologie des Mannes.
- *She!* King of Prussia, Pa.: Religious Publishing Co., 1976.
Eine prägnante Studie über weibliche Psychologie.

Hinsichtlich der Jung-Zitate siehe auch Inhaltsverzeichnis und Index.

**Jung, C. G.** Gesammelte Werke (zitiert als GW), Olten und Freiburg im Breisgau: Walter Verlag, 5. Auflage 1983:
- *GW 7* Zwei Schriften über analytische Psychologie.
- *GW 9/I* - Die Archetypen und das kollektive Unbewusste.
- *GW 9/2* Aion: Beiträge zur Symbolik des Selbst.
- *GW 13* Studien über alchemistische Vorstellungen.
- *GW 14/I u. II* - Mysterium Coniunctionis.
- *GW 16* - Praxis der Psychotherapie.
- *Briefe in drei Bänden,* 1906-1961, Olten und Freiburg im Breisgau: Walter Verlag.
- *Erinnerungen, Träume, Gedanken.* Zürich und Stuttgart: Rascher Verlag, 1963.
- *Der Mensch und seine Symbole.* Olten und Freiburg im Breisgau: Walter Verlag, 1968.
- C. *G.Jung Speaking,* Herausgegeben von William McGuire und R. F. C. Hull. Princeton University Press, N.J.: 1977.
- *Visions Seminars.* Teil I u. II. Zürich. Zürich: Spring Publications, 1976.

**Jung,** Emma. *Animus und Anima.* Zürich: Spring Publications, 1974-
Besonders interessant im Bezug auf den Animus.

**Neumann,** Erich. *Amor und Psyche.* New York: Pantheon

Books, 1956.
Eine Studie über den bedeutsamsten Mythos des Weiblichen in der griechischen Mythologie.

**Sanford,** John A. *Healing and Wholeness.* New York: Paulist Press, 1977.
Das letzte Kapitel enthält eine Zusammenfassung über den Vorgang der aktiven Imagination, einem hilfreichen Werkzeug bei dem Versuch, Anima und Animus zu integrieren.
- *The Kingdom Within.* New York: J. B. Lippincott Co., 1970. Kapitel 9 u. 10 enthalten relevantes Material zu Anima und Animus.

**Singer,** June. *Androgyny.* Garden City, N. Y.: Doubleday Company, 1976.
Eine Analytikerin stellt zeitgenössische Betrachtungen über die Probleme des Mannes / der Frau an, mit einem besonderen Augenmerk auf die Schwierigkeiten der modernen Frau.

***Ulanov,*** *Ann B.* The Feminine in Jungian Psychology and in Christian Theology. *Evanston, III.: Northwestern University Press, 1971.*

**Whitmont,** Edward C. *The Symbolic Quest.* New York: G. P. Putnam's Sons, 1969.
Praktisch ein Lehrbuch zur Jungschen Psychologie mit interessanten Beiträgen über das Männliche und Weibliche.

**Wilhelm,** Richard. *Das Geheimnis der goldenen Blüte.* Zürich und Stuttgart: Rascher Verlag, 1963.

## ARTIKEL

**Binswanger,** Hilde. «Positive Aspects of the Animus». *Spring, 1963.*

**Heisler,** Verda. «Individuation in Marriage». Psychological Perspectives I, no. 2, Herbst 1970.
Ein wertvoller Beitrag zur Psychologie der Ehe.

**Hillmann,** James. «Anima». *Spring,* 1973 u. 1974.
Hillmann untersucht das Konzept der Anima äußerst kühn und fügt zahlreiche neue Anregungen hinzu; nicht für Anfänger, jedoch sehr anregend.

**Hough,** Graham. «Poetry and Anima». *Spring,* 1973.

**Ostrowski,** Margaret. «Anima Images in Carl Spitteler's Poetry». *Spring,* 1962.

**Wolff,** Toni, «Structural Forms of the Feminine Psyche». Dieser Artikel wurde im Eigenverlag herausgegeben und ist vergriffen, doch in Whitmonts Buch findet sich eine gute Zusammenfassung.

**Zabriskie,** Philip. «Goddesses in Our Midst». *Quadrant,* no. 17, Herbst 1974.
Ein bedeutender Artikel über die Natur des Weiblichen, basierend auf Studien über fünf griechische Göttinnen.

EINZELPUBLIKATIONEN

**Hannah,** Barbara. «The Problem of Contact with the Animus». London: Guild of Pastoral Psychology, 1962.

- «The Religious Function of the Animus in the Book of Tobit». London: Guild of Pastoral Psychology, 1961.

**Heydt,** Vera von der. «On the Animus». London: Guild of Pastoral Psychology, 1964.

**Lander, Forsaith**. «The Anima». London: Guild of Pastoral Psychology, 1962.

**Metman,** Eva. «Woman and the Anima». London: Guild of Pastoral Psychology, 1951.

# Index

(n hinter einer Ziffer verweist auf eine Anmerkung)

A

Ablehnung - 59, 80
  durch die Mutter - 80
Actium, Schlacht von - 38
Agape -171
*Age of Faith, The* -34
*Aion,* GW 9, II-63n, 75n, llln, 166n
Aktive Imagination - 64, 92n, 138, Anhang
Alchemist - 9
Androgyn - 9, 10, 11, 12, 140, 144
*animare - 13*
«Anima» - 61n
*Anima* - 21, 35, 40, 54, 55, 56, 61, 62, 63, 64, 65, 74, 75, 79, 80, 81, 88, 90, 96, 99, 100, 102, 103, 104, 105, 107, 112, 116, 124, 126, 127, 135, 147, 154, 155, 156, 158, 159
  als Archetypus - 22, 100, 155
  an ihrem richtigen Platz - 62, 97, 103, 104
  Animabild - 24, 34, 40, 107, 123, 124, 128
  Besessenheit - 54, 56, 63, 74, 77, 80, 81
  Beziehung zur - 54, 56, 62, 63, 101, 104, 106, 124
  Dialog mit - 92 ff.
  doppelte - 123, 128
  und das Ego des Mannes - 144
  Einfach-, Vielfachpersönlichkeit -159, 162
  Emotionen - 57, 61, 62, 75, 76
  und Eros - 100, 111
  «Frau» - 155
  hässliche Jungfer - 86, 107
  als Hexe - 20, 26, 57, 66, 67, 74, 75, 77, 81
  und Homosexualität - 144,145
  Jungsche Definition - 21, 22, 65, 96,161
  Launen - 54, 56, 65, 66, 74, 89, 92,106
  Missmut - 57
  und Persona - 104,106
  Phantasien - 40, 89,106,107,109,121,147
  positive/negative - 26, 50, 56, 59, 63, 64, 66,107,160
  Projektionen - 24, 26, 33, 39, 40, 101,109,123,125,155,156
  und Seele - 40, 99,110,155
  Sprachrohr zum Unbewussten - 65, 66, 96,104,107
  Stadien, vier - 68

Streichholz und Benzin - 57, 74
weder gut noch böse - 101
wie man sie besiegt - 66
*Anima / Animus* - 7,13,14,17, 19, 20, 21, 23, 28, 33, 49, 81, 88, 89, 90, 92, 93, 95, 96, 97,102,113,121, 123,131,154,162,163,164
als Archetypen - 13, 23, 93,119
am richtigen Platz - 95, 97
Besessenheit - 77
Beziehung - 47, 81, 93
Beziehungsdiagramm - 29
und das Böse - 97
dunkle Seite - 53, 67, 75, 81, 82, 85, 88, 89, 95
keine Egorealität - 20
Jungsche Definition - 13, 20, 21, 95, 96
Konzept, wichtigster Beitrag dazu - 163
«Meisterstück» - 19, 97
Phantasien - 92,121
positiv / negativ - 23, 28
Projektion - 19, 20, 28, 33, 38, 47, 75, 89, 96, 97,119,123,164
Streit - 30, 74, 75, 95
Verkörperung - 22, 96,104
*Animus* - 20, 60n, 62, 66, 67, 68, 70, 71, 72, 74, 78, 80, 81, 88, 89, 90, 102,107,108,110,111,113,114, 115,117,142,153,155,157,159, 162
der Anima - 62
Besessenheit - 52, 60n, 66, 78
Dialog mit - 93f. ,115
doppelter - 129
Führer, Fackelträger - 107,111,113
gefährlich (zerstörerisch, positiv/ negativ) - 26, 27, 50, 53, 66, 71, 81,90,107,108,111,113,114, 115,160
Individuation - 109,110
Jungsche Definition - 21, 162
kreativer - 41,107
Logos - 111
Meinungen - 61, 66, 67, 68, 72, 74, 89, 90, 93,115,159
der Mutter - 68,142
Phantasien - 89,108
Phantomliebhaber -108
Projektion - 26, 27, 108,114
Schwert -72, 74, 75, 77
Verkörperung - 52, 71, 110
Vielfachpersönlichkeit - 159
wie man ihn besiegt - 53
in *Wuthering Heights* - 70, 71,110
Zitat aus de Castillejo - 113
«Animus und Anima» - 72, 11 In
Anthropos - 11

Antonius, Marcus - 32, 35f£, 50
*Aphrodite* - 9,102,127,160,162
Pandemos und Urania - 103f.
Apokryphen - 51
Archetypen - 14,147, 165
*Anima /Animus* - 23, 99, 119,155, 156,160
Jungsche Definition - 14
männlich/ weiblich - 14,19,147, 149,159
des Senex (des Alten) - 141
«Die Archetypen und das kollektive Unbewusste», GW 9,1- 19n, 57n, 98n, 100n, 146n
Artemis - 160,162
Athene- 160,162

B

Berdachen - 146
Berdyaev, Nicholas - 12, 13,164,
170
Beziehung(en) - 7,12, 25, 27, 28, 30, 32, 33, 40, 44, 45, 53, 54, 58, 59, 60, 61,63, 64, 80, 81,83, 88, 90, 92, 93, 94,101,102,105,112,117, 122,125,127,129,130,134, 136, 137,138,152,165,171
*Anima / Animus* - 14, 47, 54, 56, 57, 62, 94, 95, 96,101,102,104,105, 106,115,124
außerehelich - 125
Dante und Beatrice - 34
Diagramm - 29, 46
Ehe - 43, 120, 121,125,166
zwischen den Geschlechtern - 7, 23,24,26,30,31, 39,41, 44,61, 62, 74,77,81,95,119,124,142,151
zu Gott - 102,166,167,171
zur geistigen Welt - 19
heterosexuell - 145
homosexuell - 138,139,141,144, 145
zur inneren Welt - 99
und Launen - 54, 55, 56
Liebes- 30f., 32, 33, 42, 72,123, 154
optimale - 29, 32
zur *Persona* - 105,106
Projektion - 32, 129
richtige - 115,117
zum Selbst – 141
sexuelle - 24,31,134,141,168
und das Unbewusste - 53, 96,123,128
Vereinnahmer, Vereinnahmter - 43,44

Verliebtheit - 29, 30
zur höchsten Weisheit - 103
Yin und Yang - 16
Bild - 16, 20, 30, 32, 96,123,132, 140, 163,165
*Anima* - 24, 25, 34, 41,87,123, 124
*Anima /Animus* - 20,113,123
*Animus* - 26, 72,113,124
Anthropos - 11
archetypisches - 97, 165
*Coniunctio* - 164,165,167
endogam / exogam - 124 erotisches 166
der Ganzheit - 139
Gottes - 10
numinoses - 109, 123
positives / negatives - 28, 75
projiziertes - 20, 23, 24, 28, 42, 101,119,126,129
psychisches - 23, 24,164
Seele-26, 41,101,114,144
Selbst-140
Böse-53, 68,110
kann Gutes erzeugen – 85
Mephisto - 85
Zitat des Hl. Paulus -18
Briefe - 10n, 82n, 99n, 101n, 157n
Brontë, Emily-70, 71,110


C


*Caesar and Christ* - 36n, 106n
Christus-165,166, 167
Circe-49f., 53
*Coniunctio* - 163,164,165,167,171
Cyprian-167


D


Dante - 34, 39
de Castillejo, Irene-27,111,113,114,115
Demeter-160,162
Depression - 55, 86, 87
*Destiny of Man* - 13n
Durant, Will-34n, 35,106n

E

Ego - 20, 22, 23, 29, 66, 77, 93, 94, 95,105,131,142,144,148,162
Besessenheit durch Anima/ Animus - 77, 145
Beziehungsdiagramm - 29
homogenisiertes - 23
und das kollektive Unbewusste - 96
männliches - 23,144,147
und Schreiben - 92, 93
und Selbst - 142
weibliches - 114
«Ehe als psychologische Beziehung», die - 43n
*Ehe ist tot, lang lebe die Ehe, die* - 120n
Ekstase - 141,148
Eliade, Mircea - 12
Emotionen (Gefühle) - 30, 57, 58, 60, 62,100,103,124
und die Anima - 57, 61, 77, 96
lebensspendende - 98,101
endogam -124
Energie(n) - 16,17, 56, 99, 114,130, 138,141
und Geheimhaltung - 126
kreative - 43, 64
psychische - 16, 24, 43,119,122, 126,158
sexuelle - 136
*Erinnerungen, Träume, Gedanken* - 65n
Eros - 17, 53, 67, 69, 91,101,102, 112,124,131,141,150,170,171
der griechische Gott - 102
und die Hetäre - 151
männlicher / weiblicher - 102
passiver - 122,124
Werte - 54
Zitat von Harding - 158,159
Zitat von Jung - 112
Zitat von v. Franz - 150
exogam - 124

F

Fackelträger - siehe Animus
*Faust* - 85
Freud, Sigmund - 136,148

G

Gaius Suetonius - 106

Ganzheit/-werdung - 14, 88,107, 131,132,139,141,148,163,169
Bild der - 139,166
Sinnbild/Symbol der - 31, 87,111
Verneinung der - 169
Gefühle - 30, 57, 58, 60
Gegenpol/-satz - 131,145, 155,161, 164,165,170
*Anima /Animus - 13*
*Geheimnis der goldenen Blüte, das* - 17n, 92n, 96
Genesis, Buch - 10
Gesellenstück - 19
*Goddesses in our Midst* - 161
Goethe - 85,134
Goldene Esel von Apuleius, der- *143n, 150*
Gott - 10, 51,102,103,163,166, 167,170
Götter, Göttinnen - 9n, 11, 20, 24, 26, 30, 32, 49, 77,108,127,139, 147,158,160£,165
im babylonischen Mythos - 67 Eros-102
die Große Göttin - 147,161
Verkörperung des Archtypus - 19
*Göttliche Komödie, die* - 34
Guggenbuhl-Craig, Adolf - 120, 134,135,147,148

H

Hannah, Barbara - 70,110, llln
Harding, Esther - 109, 159
hässliche Jungfer - 85, 86, 87,107
*He!* - 86
Hl. Augustinus - 166,167n
Hl. Bernard von Clairvaux - 167
Hl. Hieronymus - 168
Hl. Paulus - 18
Heisler, Verda - 46
Hekate - 160
Hera - 160, 162
Hermaphrodit - 9
Hermaphroditus - 9n
Hermes - 9n, 49
Hestia - 160
Hillmann, James - 62,102,104,155,156,158,162
Hohelied Salomons - 166,167
Homosexualität - 23, 139,141,145, 146
Hun-Seele - 17,158

I

I-Ging - *16*
Indianer, nordamerikanische - 9, 98, 137,145
Individuation - 98, 108,109,111, 121,123,135,149,164
und Phantasien -135
*Individuation in Fairy Tales*- lln
*Individuation through Marriage - 46*
Interpretation of Visions, the - *20n, 108n*

J

Jesus -28, 45,164,167
Johnson, Robert - 86, 87,107,129
Jung, C. G. - 7,14,17, 21,81,82, 96,101,146,157,163,166
aktive Imagination - 93n
Alchemie - 10n
*Anima* - 61, 62, 65, 81, 82, 99, 100,102,104,105,157
*Anima /Animus - 1*, 13, 21, 63, 75, 95, 98,105,154,159,162
*Animus* - 27, 70,109
Anthropos - 11
Archetypen - 13,14ff., 99
Autobiographie - 65n
Besessenheit durch das Böse - 53
Definitionen - 20, 94f., 162
Ehe - 43
Emotionen und Affekte - 57
kollektives Unbewusstes - 98
Monotheismus des Bewusstseins - 91 f.
die Psyche - 92
Publikationen - 10n, 17n, 19n, 12n, 20n, 28n, 43n, 57n, 63n, 65n, 75n, 82n, 92n, 96n, 97n, 98n, 99n, 100n, 101n, 103n, 104n, 105n, 108n, 109n, llln, 112n, 146n, 154n, 157n, 166n
Schatten - 19
Seele - 111
*Jung Speaking* - 22n, 81 n
Jung, Emma - 73,111

K

Karma - 126
*Kingdom within, the* - 167n
Kleopatra - 35ff., 51
*Knowing Woman* - llln, 27n

kollektives Unbewusstes - siehe Unbewusstes

Komplex(e) – 53
  Mutter - 58
Kore - 156,160

L

*La vita nuova* - 34n
Launen - 55, 56, 58, 62, 78, 81, 89,97,104
  *Anima* - 22, 55, 56, 62, 63, 66, 89,93
  düstere/schlechte Laune (Missstimmung) - 26, 33, 55, 74, 78,88,106
  passiv / aggressiv - 57
  personifiziert - 92
  Libido - 43
Logos - 17, 63, 88,112,155
Lukas, Evangelium - 45n

M

Mann, Thomas - 140
Meinung(en) - 63, 66, 67, 69, 73, 94,95, 97,116,160
Meisterstück - 19, 98
Memoirs of Hadrian - 139n
Mensch und seine Symbole, der - 22,96
Methodius, Bischof - 167
Missmut - 57
Mutterkomplex - 58
*Mysteriums Coniunctionis*, GW 14- 99n
Mysterium - 138,147,150,165,167, 171
Mysticism - *166n*
Mythos / Mythologie(n) - 10,13,19, 49, 67,160
  babylonisch - 67
  Circe - 49
  griechisch -11,19, 49f., 160
  persisch und talmudisch -11

N

Numen - 93,104,119,147

O

Odyssee - 49
Origens -166

P

Persona - 105,106
Phallus - 142
Phantomliebhaber - 109
Plato - 11,12n
Plutarch - 37
*Plutarch's Lives - 37n*
Po-Seele - 17,158
Praxis der Psychotherapie, die, *GW 16-103n, llln, 112n*
*Projektion - 19, 20, 23, 25, 26, 28, 32, 33, 39, 41, 42, 43, 47, 89, 98, 115,119,121,123,129,140,141, 144,150,164,171*
  *Anima - 24, 26,40,124,156*
  *Animus - 26, 27*
  und Beziehung - 23, 32, 33,128
  positive / negative - 27, 28
  als psychischer, unbewusster Mechanismus - 19
  des Selbst - 140,141
  als Spiegel - 20
  wie wir sie verwenden - 33
  Zurücknehmen (Integration) - 89, 98,123,129,164
Psyche - 14, 24, 33, 92,124,125, 155,161,167
  der Frau - 72,109
  personifiziert in der Mythologie - 19
  *und Projektion - 21*
Psychologie der Übertragung, die - 111
*Puer - 141*
Puer Aeternus - *140n, 143n*

*R*

Römer, Briefe an die - 18n

S

Samuel, 1. Buch - 106n, 153n
Saulus, König - 106,153
Schaman(e) /-in/-ismus - 12, 12n,145,152
Schatten - 19, 25
  Integration des - 19
  metaphysischer - 157
Schuld - 44, 71, 77, 80,120,123, 136,137
Seele - 8, 32, 33, 38, 53, 87, 88,106, 109,126,155,163,165,167,169
  androgyne - 140
  *Anima* - 17,13,11 Off.

in der babylonischen Mythologie - 67
Bild - 26, 41,101,114,144
Dante - 34, 39
der Frau - 25, 27, 53,108,111, 112,116,156
Hun - 17,158
innere Frau - 93
des Mannes - 20, 87, 88, 99,101, 103,108,111,114,126,156,159, 162,167
Marcus Antonius - 36, 38 Po-17,158
projiziert - 41, 101
Vereinigung mit Christus - 166, 167
Vereinigung mit Gott - 166
weiblich / männlich - 20,101,111, 112,114,116,156
Selbst - 113,140,141
und Ego - 142
Selbstmord - 55, 72, 87
Sexualität/sexuell - 17,102,119, 120,131,134,135,136,137,138, 139,141,147,148,149,150,165, 168,169,170, 171
Shakespeare - 31
*Sieben Pfeile* - 9n
Sirene - 50f., 53
Storm, Hyemeyohsts - 9, 12
*Striving Toward Wholeness* -70, llln
Structural Forms of the Feminine Psyche -*150,151*
*Studien über alchemistische Vorstellung,GW 13-105*
Symbol(e) - 87,111,134,135,141, 164
*Symbolic Quest, the* - 133, 151n
*Symbole der Wandlung,* GW 5 - 166n
Symposium - 11,12n

T

*Tai I Gin Hua Dsung Dschi* - 17,158
Tobit, Buch - 52n
*Tod in Venedig* - 140
Träume - 126,159,164,168
Anima/Animus - 14, 92, 98, 99, 108,109,159
Jane's - 42
negativer Animus - 66
in *Wuthering Heights* - 70
Typen, Frauen - 151 ff., 161

U

Unbewusstes - 23, 29, 30, 65, 94, 96, 98, 99,115,125,128,131,133,

147,152,157,164
und aktive Imagination - 93n
*Anima/Animus* - 57, 63, 66, 96, 105,108,135,162
archetypische Gestalten - 54, 89
und Beziehung - 52,123,128
Coniunctio - 164
Heilkräfte - 52
und Homosexualität - 146
kollektives Unbewusstes - 96,152
personifiziert durch Anima/ Animus - 96
Projektion - 89
Underhill, Evelyn - 166
unsichtbare Partner - 14, 23, 33, 47,54, 76, 83, 89, 95,119,168
Ur-Mensch – 11

V

Vereinnahm(er) / -ter - 43, 120
*Vertauschte Köpfe* - 129
*Visions Seminars', the* - 28n
von Franz, Marie-Louise - 11n, 27, 79, 96,127,140,150

W

*Way of all women, the* - 109n
Whitmont, Edward C. - 133, 151n
Wilhelm, Richard - 17
Wolff, Toni - 151
*Women's Mysteries* - 159n
*Wuthering Heights* - 70, 71n, 110

Y

Yang und Yin - 16,17, 22, 99,158, 163
Yang und Hun-Seele - 17
Yin und Po-Seele - 17
Yourcenar, Marguerite - 139

Z

Zabriskie, Philip - 161,162
Zeus - 161
Zorn - 56, 57, 58, 59, 60, 76, 79
*Zwei Schriften über analytische Psychologie*, GW 7-22n, 96n, 97n, 104, 154n

*It is in the deepest, darkest depths of our unconscious where we find the purest gold, the hidden treasure of the essence of whom we are meant to be. I recommend this book very highly, especially for those who are involved in women's studies, the study of the Feminine, or are in therapy themselves. It is not for self-help counseling, it is for serious students / explorers of the Soul.*

*Paige Ellen Stone, Goodread*

Sylvia Brinton Perera, Jungsche Analytikerin, Therapeutin und Autorin beschreibt anhand des mindestens fünftausend Jahre alten Inanna-Mythos, was Frauen brauchen, um sich aus den übermächtigen Normen der männlich geprägten Gesellschaft zu befreien und zur weiblichen Urkraft zurück zu finden.
Ein Buch auch für Männer, die ihre weibliche Seite reifen lassen wollen.

**Sylvia Brinton Perera, Inannas Abstieg zur dunklen Schwester. Eine weibliche Initiation,** Eagle Books, Neuausgabe, 1. Auflage 2018, Paperback,
180 Seiten, 19,80 € (D), ISBN 978-3946136-11-8
Ebook 14,99 €, ISBN 978-3946136-12-5

*Penetrating and brilliant.. Only the experience of a ripened poet could have revealed a fresh and intense language and logos for describing the unrevealed."*

*Joan Halifax, author of Shamanic Voices*

Der Schatten ist in der Analytischen Psychologie nach Carl Gustav Jung einer der wichtigsten Persönlichkeitsanteile. Im Schatten werden Eigenschaften der eigenen Person, negative wie positive, die nicht nicht gerne angenommen werden, gesammelt und auf andere Menschen projiziert. Die Auseinandersetzung damit gehört zu den wichtigsten Aufgaben in der persönlichen Entwicklung.

Robert Bly, geboren 1926 in Minessota, USA, ist Lyriker, Geschichtenerzähler, Autor, Aktivist und Leiter des Mythopoetic Men's Movement. Robert Bly ist Autor des Bestsellers "Eisenhans".

**Robert Bly, Der Schatten – Die dunklen Seiten des menschlichen Wesens,** Eagle Books, Neuausgabe,
1. Auflage 2018, Paperback, 120 Seiten, 16,80 € (D),
ISBN 978-3946136-13-2
Auch als Ebook erhältlich

*Dieses Buch kann Frauen auf dem Weg in die eigenen Tiefen begleiten. Es hilft dabei, sich der dunklen Schwester in sich selbst zu stellen. Empfehlenswert für alle Frauen, die sich auf eine Reise in die eigene Unterwelt machen wollen und dort ihre verdrängte Schwester erlösen wollen. Sehr lesenswert!*

*Brigitta Möwa*

Im mehr als 5000 Jahre alten Mythos von Inanna wird auf großartige Weise der Weg zur Heilung, Integration und zum Wachstum der weiblichen Seele und des Weiblichen im Manne dargestellt. Er gehört zum Bewegendsten, was in den Erzählungen der Völker zu finden ist. Der Mythos von Inanna, der sumerischen Himmels- und Stadtgöttin, korrespondiert mit den Mondphasen. In ihrer Betrachtung erschließt die Autorin die psychologische und spirituelle Weisheit des Inanna-Zyklus. Erweitert durch Lieder und Tänze.

Elisabeth Hämmerling, 1938 – 2010, war Lehrerin für meditativen Tanz und Rituale sowie Autorin verschiedener Fachbücher.

**Elisabeth Hämmerling, Mondgöttin Inanna. Ein weiblicher Weg zur Ganzheit,** Eagle Books, Neuausgabe,
1. Auflage 2018, Paperback, 156 Seiten, 19,80 € (D), ISBN 978-3946136-09-5
Auch als Ebook erhältlich

*Ich empfehle dieses Buch allen ernsthaften Bewusstseinsforschern und auch jenen, die an ihrer eigenen Heilung, ihrem persönlichen Wachstum und ihrer Transformation interessiert sind.*

*Stanislav Grof,*
*Mill Valley,*
*Kalifornien*

Die Heldenreise ist ein intensiver Selbsterfahrungsprozess. Phantasiereisen, Inszenierungen, Tanz, Körperarbeit, Methoden der Gestalttherapie und kreative Techniken ermöglichen es, eigene Wünsche, Vorstellungen und Ziele klarer zu erkennen. Sie machen auch bewusst, wie wir selbst verhindern, diese Ziele zu erreichen. Wir sind fähig, unser Leben neu zu gestalten.
Paul Rebillot beschreibt in seinem Klassiker detailliert Hintergrund und Ablauf seiner berühmten Seminarstruktur „Die Heldenreise“. Er schreibt sehr persönlich, herzlich und klar. Mit einem Vorwort von Stanislav Grof und einem Überblick über das Leben von Paul Rebillot.

**Paul Rebillot mit Melissa Kay: Die Heldenreise. Das Abenteuer der kreativen Selbsterfahrung**, Eagle Books Wasserburg am Inn, überarbeitete Ausgabe, 2. Auflage 2016, 272 Seiten, gebunden, 29,80 € (D), ISBN 978-3-9813672-0-1
Auch als Ebook erhältlich

*Dieses Buch schafft es, Therapeuten, Suchende und einfach nur Interessierte gleichermaßen zufrieden zu stellen. Wer sich oder andere auf den Weg bringen will zu einem selbstbestimmten und selbstverantworteten Leben, kommt daran nicht vorbei.*

*Wolfgang Zaska*

Franz Mittermair, Gestalt-/Körpertherapeut, Leiter des Instituts für Gestalt und Erfahrung, hat in diesem Buch die "Große Heldenreise" im Blick, den mythologischen Weg der Heldin und des Helden als Leitlinie und Unterstützung für den persönlichen Lebensweg.
Das Werk schildert anschaulich die einzelnen Stationen, zu denen Aufbruch, Herkunft, Identität, Schatten, Tod und Auferstehung sowie die Rückkehr gehören. Mit zahlreichen Übungen, Praxisbeispielen und Geschichten.

**Franz Mittermair: Neue Helden braucht das Land. Persönlichkeitsentwicklung und Heilung durch Rituelle Gestaltarbeit,** Eagle Books, Neuausgabe, 1. Auflage 2011, gebunden, 252 Seiten, 29,80 € (D),
ISBN 978-3-9813672-1-8
Auch als Ebook erhältlich